Georg Braulik

Testament des Mose

Das Buch Deuteronomium

Verlag Katholisches Bibelwerk
Stuttgart

Stuttgarter Kleiner Kommentar

— Altes Testament 4 —

Herausgegeben von
Gabriele Miller und Franz Josef Stendebach

MEINEN HÖRERN AN DER WIENER UNIVERSITÄT UND AN DER HOCHSCHULE ST. GABRIEL/MÖDLING GEWIDMET

ISBN 3-460-05041-1

Mit kirchlicher Druckerlaubnis

Gesamtherstellung: Feindruck Franz Pistotnik,
7016 Gerlingen, Dieselstraße 20

Inhalt

Einleitung

1. Die Funktion des Deuteronomiums oder „fünften Buches Mose" im Pentateuch

Hat der Leser des Pentateuchs, der fünf Bücher Mose, das Portal der „Urgeschichte" und die Vorhalle der Patriarchenerzählungen durchschritten und betritt er den weiten Raum der Geschichte des auserwählten Volkes, dann wird er mit dem Wirken vor allem *eines* Menschen konfrontiert, des Mannes Mose. Dieser steuert den Auszug Israels aus der Knechtschaft Ägyptens und führt das Volk zum Sinai, dem Berg der Gottesoffenbarung, wo er zum Vermittler des Gesetzes und zum Gründer des Heiligtums wird. Vierzig Jahre leitet er das Volk in der Wüste und bringt es bis an die Grenze Kanaans. Gott hat ihm freilich verwehrt, das verheißene Land zu betreten. Den Tod vor Augen, wendet er sich daher in den Gefilden von Moab im Ostjordanland zum letzten Mal an das versammelte Volk. Das Deuteronomium überliefert uns seine *Abschiedsreden.*

Sie bilden gleichsam sein Vermächtnis, das neben der göttlichen zugleich auch tiefe menschliche Autorität besitzt. Ihre *Sprache* mit dem wogenden Rhythmus ausladender Satzperioden, mit der feierlichen Fülle festgeprägter Wendungen und Schlüsselwörter sowie der Kunstfertigkeit ihrer Rhetorik wird getragen von persönlichem Engagement und geht unmittelbar zu Herzen.

Mose resümiert vor seinen Zuhörern die Zeiten gemeinsamen Schicksals und zeigt an ihnen die hoffnungsvollen Möglichkeiten, aber auch die drohenden Gefahren der Zukunft auf *(Kap. 1—4).* Seine Worte mahnen, werben, beschwören, wenn er dem Volk die „Weisung" (hebräisch: „tora") für das Leben in Kanaan gibt. Am Befolgen oder Übertreten der Gebote des Herrn hängen für Israel Segen und Fluch *(Kap. 5—28).* Aufgrund der veröffentlichten Gesetze und der mit ihnen verbundenen Drohungen und Verheißungen verpflichtet Mose das Volk durch einen Eid, den „Moabbund", setzt Josua zu seinem

Nachfolger ein und ermahnt Israel durch ein „Lied" *(Kap. 29—32)*. Nach einem Abschiedssegen über die einzelnen Stämme *(Kap. 33)* steigt er auf einen Berg, erblickt von fern das gelobte Land und stirbt *(Kap. 34)*. Die letzten Verse des Deuteronomiums (34,10—12) gleichen einer Grabinschrift, eingegraben in das Monument des Pentateuchs, der hiermit endet. Er wird also — nach dem Vorspiel der Genesis — vom Erzählungsbogen des Moseschicksals überspannt und findet darin seine Einheit. Inhaltlich wie stilistisch aber kulminieren die „Bücher Mose" in ihrem letzten, dem Deuteronomium, wie in einem gewaltigen Finale. Mit der Eindringlichkeit der hier zum zweiten Mal verkündeten Sinaigesetzgebung und den rauschenden Akkorden seiner Kunstprosa ist alles aufgeboten, um den Leser von der Bedeutsamkeit der Moseweisung zu überzeugen.

Diese „vorkritische" Sicht des in vielen Jahrhunderten gewachsenen, vielschichtigen und aus verschiedenen Schriften großteils künstlich zusammengesetzten Pentateuchs entspricht der *Intention seines Endredaktors.*

Sie steht zum Teil auch hinter den Namen, mit denen das Deuteronomium bezeichnet wurde.

Seine Namen werden im folgenden noch näher erklärt. Im Anschluß daran wenden wir uns der gegenwärtigen literarischen Form des Deuteronomiums zu. Von ihr lassen sich Rückschlüsse auf den Werdegang des vorliegenden Buches ziehen. Bei der Darstellung der Geschichte des Deuteronomiums setzen wir bei seiner bereits erwähnten Spätphase ein, in der es mit zwei Erzählwerken zum Pentateuch zusammengeschlossen wurde, und verfolgen seinen Weg immer weiter zurück bis zu den vermutlichen Anfängen seiner Entstehung. Der Pentateuchredaktion ging die Eingliederung des Deuteronomiums in das sogenannte „deuteronomistische Geschichtswerk" voraus. In nochmals früherer Zeit aber begegnen wir dem Deuteronomium — wenn auch noch nicht in seinem gegenwärtigen Umfang — als selbständiger „Bundesurkunde" von Jerusalem.

2. Name

Die jüdische Tradition bezeichnet das Buch nach seinem Anfangswort mit „*debarim*", das heißt „Rede". Der auf die griechische Übersetzung zurückgehende Name *„Deutero-nomion“*, das heißt „zweites Gesetz“ — lateinisch „Deuteronomium“ — basiert auf dem umfassendsten Teil, der Gesetzesverkündigung, die nach der Sinaigesetzgebung nun zum zweiten Mal im Land Moab erfolgt. Entstanden ist dieser Titel freilich durch ein Mißverständnis von 17,18, wo von einer „Abschrift“ der Tora in den Händen des Königs, nicht jedoch von einem „zweiten Gesetz“ gesprochen wird. Die Benennung *„Fünftes Buch Mose“* sagt uns zwar nichts über den Autor des Pentateuchs, verweist jedoch deutlich auf Mose als das Prinzip seiner Einheit.

3. Gattung und Aufbau

Das Deuteronomium präsentiert sich also in seiner Schlußgestalt als eine Zusammenstellung all dessen, was Mose in seinen letzten Lebenstagen äußerte. Die Handlung des Buches ist auf einige eingestreute Notizen und das Kapitel 34 beschränkt. Wir haben es somit gattungsmäßig nicht mit einer Erzählung, sondern mit einer locker gefügten *Redensammlung* zu tun. Sie gleicht einem Archiv, dessen Dokumente durch Titel geordnet werden, die den Inhalt der einzelnen Schriftstücke angeben. Das Material des Deuteronomiums wird nämlich *durch Überschriften gegliedert,* deren Gemeinsamkeiten und Unterschiede auf zwei miteinander konkurrierende Systeme hinweisen. Hinter ihnen stehen verschiedene Redaktionsstufen unseres Buches. Das ältere Überschriftensystem wird durch die Verse *4,45; 6,1; 12,1* gebildet. Das jüngere, das mit der deuteronomistischen Literatur (s. u.) in Zusammenhang stehen dürfte, umfaßt nach seinem ursprünglichen Bestand die Verse *1,1a; 4,44; 28,69; 33,1.*

Nach diesem letzten Überschriftensystem enthält das Deuteronomium nun vier „mosaische Texte“: eine „Rede“ des Mose (Kap. 1—4), das Gesetz oder die „Weisung“ (tora) des Mose (Kap. 5—28), den „rituellen Text der Eideszeremonie“ in Moab (Kap. 29—32) und den „Segen“ des Mose (Kap. 33). Die Berichte über den Tod des Mose (32,48—52; Kap. 34) und Kapitel 27 werden von dieser Textorganisation nicht erfaßt.

Der weitere Aufbau der Mosereden wird über die inhaltlichen Unterschiede der einzelnen Abschnitte hinaus auch durch Stichwortwiederholungen markiert. So gliedert die Formel „Gesetze und Rechtsnormen" die zweite Moserede in einen erzählend-ermahnenden Teil *(5,1—11,32)* und eine Gesetzessammlung *(12,1—26,16)*. Die Wendung begegnet nämlich nur in den genannten Rahmenversen.

In *Kapitel 28* bildet der Ausdruck „Gebote" einen Rahmen um den Segens- *(V. 1—14)* und (älteren) Fluchabschnitt *(V. 15—45)*. Die Verschmelzung dieser Begriffe in 26,17—19 zeigt die Überleitungsfunktion dieser Verse zwischen dem Gesetzes- und dem Segen-Fluch-Teil an. *Kapitel 27* wurde nämlich offenkundig erst spät, jedenfalls nach den verschiedenen Gliederungen des Buches in seinem gegenwärtigen Zusammenhang eingefügt. Denn es zerreißt inhaltliche und formulierungsmäßige Bezüge, durchbricht mit seinen drei Reden das Überschriftensystem und beschreibt im Gegensatz zu den übrigen deuteronomischen Gesetzen, die dauernde Gültigkeit beanspruchen, eine nur einmal in Sichem ausgeführte Kulthandlung.

Spät entstandene Texte wie 4,9—31 und die Kapitel 29—30 sind nach dem *Muster altorientalischer Vasallenverträge* aufgebaut, wie sie etwa der hethitische Großkönig gegenüber seinen Vasallen verwendete und wie sie auch in neuassyrischer Zeit (10. bis 7. Jahrhundert v. Chr.) häufig gebraucht wurden. Die Vertragsform dürfte auch die Grundstruktur von Kapitel 5—28 und die Komposition einzelner Abschnitte ihres erzählend-ermahnenden Teiles, die Kapitel 5—11, entscheidend beeinflußt haben. Das Vasallenvertragsschema enthielt die folgenden Grundbestandteile, die freilich nach Inhalt und Form variieren konnten:

1. Einleitung: Name und Titel des Großkönigs/Jahwes;
2. Vorgeschichte: Aufzählung der früheren Wohltaten, die der Großkönig/Jahwe seinem Vasallen/Israel erwiesen hat;
3. Vertragsbedingungen, die dem Vasallen/Israel auferlegt werden (dabei unterscheidet man zwischen einer Grundsatzbestimmung oder einem Hauptgebot und Einzelbestimmungen als dessen Entfaltung);
4. Bestimmungen bezüglich der Aufbewahrung des Dokumentes und einer öffentlichen Verlesung;
5. Anrufung von Göttern bzw. Naturgewalten als Zeugen;
6. bedingte Segens- und Fluchformeln.

Der historische Prolog als Begründung des Rechtsverhältnisses, die auferlegten Satzungen als Ausdruck der angenommenen Abhängigkeit und Mitarbeit, und schließlich Segen bzw. Fluch als damit verbundene „Sanktionen“ machen die einheitliche und doch komplexe Wirklichkeit des Rechtsverhältnisses zwischen Jahwe und Israel aus, das oft — freilich leicht mißverständlich — als „Bund“ bezeichnet wird. Die Deutung des alten Volk-Gott-Verhältnisses als alles umfassender Vertrag (s. bei 26,17—19) dürfte zugleich auch das eigentlich Neue in der Gottesaussage des Deuteronomiums sein.

Die Prinzipien, denen die Herausgeber des Deuteronomiums bei der *Anordnung des Gesetzesmaterials in den Kapiteln 12—26* gefolgt sind, ähneln zum Großteil jenen des Codex Hammurapi, einer babylonischen Gesetzessammlung aus der Zeit um 1700 vor Christus. Die Einzelbestimmungen wurden zunächst thematisch und dann nach verschiedenen Gesichtspunkten gruppiert, zum Beispiel nach der Abfolge von Ereignissen in der Zeit (Kap. 14—16), der Wichtigkeit einzelner Fälle oder ihrer Gegensätzlichkeit. Dabei stehen die Satzungen nicht isoliert nebeneinander, sondern werden mit Hilfe von Grenzfällen, die am vorausgehenden und nachfolgenden Thema teilhaben, oder aufgrund von Assoziationszusammenhängen miteinander verbunden (16,18—18,22). Diese Techniken erleichtern das Auswendiglernen der Gesetze. Bei den zur Kommentierung ausgewählten Texten der Gesetzessammlung werden ihre Ordnungsgrundsätze noch näher beschrieben werden.

4. Das Deuteronomium als Programm des „deuteronomistischen Geschichtswerkes“

Die Redaktion des Pentateuchs, des grundlegenden kultischen Textes der restaurierten nachexilischen Gemeinde, hat das Deuteronomium aus einem anderen literarischen Werk herausgelöst, dem *deuteronomistischen Geschichtswerk*. Gipfelte dieses in seiner ersten Ausgabe als programmatisches Reformwerk in der Vorstellung von der Errichtung eines neuen Davidreiches unter dem jüdäischen König Joschija (640 bis 609 v. Chr.), so bekam es in einer späteren, erweiterten Fassung nach der Zerstörung Jerusalems 587 vor Christus eine neue Aussagespitze.

In Palästina geschrieben, enthielt es in seinem letzten Redaktionsstadium den heute in einzelne biblische Bücher aufgefächerten Text von Deuteronomium, Josua, Richter, Samuel und Könige. Diese Schrift zog die theologische Bilanz aus dem Weg des Gottesvolkes, einer Dreiecksgeschichte von sieben Jahrhunderten: hier Jahwe, dort die anderen Götter, dazwischen hin- und hergerissen, schließlich den anderen Göttern verfallen und von Jahwe mit der Katastrophe des Exils bestraft — Israel.

Liest man das Deuteronomium vor dem Horizont dieser Geschichtsdarstellung, so wird seine Atmosphäre nicht so sehr durch die Wehmut des Abschieds von Mose, sondern vor allem von freudiger Erwartung geprägt; steht doch die Landverheißung Gottes an die Erzväter vor ihrer unmittelbaren Erfüllung. Ob Israel in diesem Raum der Gnade verbleiben konnte, war damals nur an seinen Gehorsam gegenüber dem Heilswillen Gottes gebunden. Ihn hatte es in den zehn Geboten und deren praktischer Auslegung durch die Belehrung des Mose erfahren. Das Deuteronomium, in dem beides mitgeteilt wird, bildete somit den theologischen Maßstab für die Deutung der weiteren Volksgeschichte.

Freilich hatten die Redaktoren des deuteronomistischen Geschichtswerkes nicht das ganze Deuteronomium als vorgegebenen Block zur Verfügung. Die *Literarkritik* zeigt uns, daß sie alte Texte — sie befinden sich vor allem innerhalb der Kapitel 5—28 und bilden das Deuteronomium im engeren, ursprünglichen Sinn — teilweise umordneten, überarbeiteten, durch andere, frei formulierte Stücke ergänzten und einer veränderten Situation anpaßten. Um dieses *„Buch der Weisung“* legten dieselben deuteronomistischen Autoren noch einen großteils neuverfaßten *„Rahmen“*. So setzten sie vor den Kristallisationskern, die „Weisung“, eine eigene Moserede als „Prolog“ des gesamten deuteronomistischen Geschichtswerks. Er bestand — grob gesprochen — zunächst aus den Kapiteln 1—3 und wurde in spätexilischer Zeit noch durch 4,1—40 erweitert. Anschließend an die „Weisung“ aber schufen sie durch den Moab-Eid und die Josuaeinsetzung (Kap. 29 bis 30; 31), die Einbeziehung des Moseliedes (Kap. 32), Mosesegens (Kap. 33) und Mosetodes (Kap. 34) den Übergang zur Landnahmeerzählung des Buches Josua. In die zuletzt genannte Kapitelgruppe wurde freilich älteres Textmaterial aufgenommen.

5. Das Deuteronomium als „Bundesurkunde" aus dem Tempel von Jerusalem und seine Geschichte vor 621 vor Christus

Die deuteronomistische Redaktion, die das Deuteronomium im engen Sinn übernahm, sah in diesem Text die auf Mose zurückgehende *„Bundesurkunde" Israels.* Weil Israel nicht nach diesem Grunddokument seines Gottesverhältnisses lebte, mußte es ins Exil. Zumindest für die ausgehende Königszeit ist diese Auffassung des Deuteronomiums historisch richtig. Denn in *2 Kön 22,3—20; 23, 1—3.21—23* besitzen wir einen zum Teil zu Lebzeiten des Königs Joschija von Jerusalem abgefaßten und daher wohl zuverlässigen Geschichtsbericht, dem zu entnehmen ist, daß Joschija 621 vor Christus, also einige Jahrzehnte vor dem Ende des judäischen Staates, den „Gottesbund" nach einer Zeit der Jahweferne wieder erneuerte. Dies geschah durch die Verpflichtung Israels auf ein „Buch der Weisung" bzw. eine „Bundesurkunde", die damals im Tempel wiedergefunden worden war. Höchstwahrscheinlich handelte es sich dabei um das eigentliche Deuteronomium bzw. eine Vorform davon. Dieses Deuteronomium diente also dem Joschija als kultischer Text, der in der gottesdienstlichen Versammlung feierlich vorgelesen wurde.

Doch legt gerade der Bericht von 2 Kön 22—23 nahe, daß das Deuteronomium auch vor Joschija kein privates literarisches Werk, sondern ein offizielles Dokument bildete. Es gibt Anzeichen für die Existenz einer älteren Tradition eines „Bundes" zwischen Jahwe und Israel. So heißen die zehn Gebote im Deuteronomium einfach „der Bund". Der Prophet Hosea dürfte einen mit den zehn Geboten zusammenhängenden „Bund" kennen. Wenn 2 Kön 11,17 historische Nachrichten enthält, dann wurde in Jerusalem im Rahmen des Inthronisationsrituals eines Königs auch ein „Bund" zwischen Jahwe, König und Volk geschlossen, der bewirkte, daß aufs neue „Volk Jahwes" entstand. Trotzdem kann man erst die im Deuteronomium vorliegende Darstellung des Glaubens Israels als „Bundestheologie" bezeichnen. Sie entstand unter dem Einfluß des altorientalischen Vertragswesens, das in besonderem Ausmaß die neuassyrische Kultur prägte.

Die Vorherrschaft Assyriens im achten und siebten Jahrhundert vor Christus dürfte Juda zwar nicht den assyrischen Staatskult aufgezwungen haben, erschütterte jedoch durch die militärische und wirtschaftliche Überlegenheit, Bildung und religiöse Überzeugungskraft zutiefst sein Selbstbewußtsein. So lebten die alten, in den Untergrund verdrängten kanaanäischen Glaubensvorstellungen wieder auf, die Traditionen des Jahwismus gerieten in Vergessenheit, moderne Denk- und Handlungsmuster gewannen spürbaren Einfluß im Leben des Volkes. In solcher Situation versucht nun das Deuteronomium die alte Sinnwelt Israels einerseits durch Vereinfachung und Zusammenfassung wieder einsichtig zu machen, andererseits sie so anziehend darzustellen, daß sie mit den verführerischen Ideologien konkurrieren konnte. Nun wurde das neuassyrische Reich gerade im siebten Jahrhundert vor Christus durch eine Unmenge von Eidesleistungen und Verträgen zusammengehalten, die durch ihr äußeres Zeremoniell und ihre mitreißende Redekunst als Zeichen der Überlegenheit erscheinen mußten. Übrigens findet sich darunter sogar ein Vertrag des Gottes Assur mit dem Volk von Assur zugunsten des Königs Asarhaddon (681—669 v. Chr.); die Idee des „Gottesbundes" war also nicht auf Israel beschränkt. Um dem Jahwegläubigen wieder Sicherheit zu verleihen, *systematisierte man die alten Überlieferungen in der Form eines Vertrages,* der Jahwe und Israel ausschließlich aneinanderkettete. Freilich führte später in der Zeit des babylonischen Exils gerade diese großartige und vormals hilfreiche theologische Sicht zu schweren Problemen.

Denn nach dem Untergang Judas konnte die „Bundestheologie" mit ihrer unerbittlichen Vertragslogik nur mehr dem Nachweis dienen, daß nicht Jahwe, sondern allein Israel schuld an der Katastrophe war. Die Frage, ob das hart gestrafte Volk noch auf Zukunft hoffen durfte, konnte aus der Logik des zerbrochenen Vertragsverhältnisses nicht beantwortet werden. Diejenigen theologischen Texte des Deuteronomiums, die in der hoffnungserfüllten späten Exilsperiode formuliert wurden, verlegten daher die „Bundesidee" vom Sinai zurück zu Abraham, wo es sich nicht mehr um einen Vertrag, sondern eine einseitige, ganz in Gnade gründende Verheißung Gottes handelt. Aus dem ermahnenden Grundton deuteronomischer Redeweise hat man früher geschlossen, das Deuteronomium müsse aus Predigtentwürfen bzw. -zusammenfassungen der Landleviten entstanden sein (vergleiche ihre Tätigkeit in nachexilischer Zeit Neh 8,7). Ihre restaurative Propagandatätigkeit etwa im ehemaligen Staat Israel hätte den

Reform- und Unabhängigkeitsbestrebungen des Königs Joschija gegenüber der Oberherrschaft Assyriens gedient. In jüngster Zeit wurde man jedoch auf die zahlreichen Gemeinsamkeiten aufmerksam, die zwischen dem Deuteronomium und den in hochrhetorischer Sprache abgefaßten, in feierlichen Zeremonien rezitierten Vertragstexten des neuassyrischen Rechtswesens bestehen. Viele Texte des Deuteronomiums erscheinen ja ebenfalls als Rechts- und liturgische Texte, die vor der großen Versammlung Israels vorgetragen werden sollten und deren Wortlaut in Dokumenten fixiert vorlag. Der Ursprung des Deuteronomiums dürfte daher viel eher in Jerusalem als im Land und im einstigen Nordreichgebiet zu suchen sein. Höchstwahrscheinlich stammt der ganze deuteronomisch-deuteronomistische Komplex aus Kreisen *von Hofschreibern,* die ab der Regierungsperiode des Königs Hiskija, also der zweiten Hälfte des achten Jahrhunderts, in zunehmendem Maße an Einfluß gewannen. Daß wir in ihnen die Verfasser des Deuteronomiums zu sehen haben, basiert auf folgenden Beobachtungen und Überlegungen: Erstens wird dieses Buch wesentlich durch *weisheitliche Ideenwelt und Sprache* geprägt, wurzeln doch vor allem seine theologischen „Entmythologisierungs-" und „Säkularisierungstendenzen", seine von humanistischen Vorstellungen bestimmte Gesetzgebung, sowie die in ihm angewandten Redetechniken und lehrhaften Zielsetzungen in der Weisheitstradition. Gewiß waren die vornehmen Klassen, ferner die Priester, aber auch bestimmte Propheten wie etwa Jesaja durch ihre Erziehung in weisheitlicher Geistesart beheimatet. Diese kennzeichnete aber in besonderem Maß gerade die Denkweise jener Staatsschreiber, die zu den höchsten Beamten des Reiches zählten. Zweitens geht auch das für das Deuteronomium so maßgebliche *Vertragsdenken* und seine Formulierungen am ehesten noch auf Kanzleipersonal zurück, das ja für die internationale Korrespondenz besonders geschult wurde. Diese Schreiber des Königshofes — unter ihnen auch der Staatsschreiber Schafan, der nach 2 Kön 22 eine wichtige Rolle bei der Auffindung des deuteronomischen Gesetzes unter Joschija spielte — dürften daher die Autoren unseres Deuteronomiums gewesen sein. Sie begannen ihr literarisches Werk, in das sie — vor allem im Gesetzesbereich — auch ältere Texte einbrachten, *einige Zeit vor der Regierung des Joschija in Jerusalem.* Sie besorgten aber auch noch später nach der Zerstörung der Haupt-

stadt und dem politischen Ende des Südreiches die Aktualisierungen unseres Buches.
Die Rückprojektion des gesamten Materials in die bereits kanonische Urzeit der Volksgeschichte und seine *Stilisierung als Moserede* legitimierte und autorisierte die Ansprüche des Deuteronomiums. Doch bildet dieses Kunstmittel keinen frommen Betrug. Vielmehr zeigt sich darin, wie die Gottesgeschichte immer wieder in Israels Gegenwart hineinrückte, zur Anrede wurde und auf die Überwindung der Anfechtungen des religiösen und sozialen Lebens drängte. Die literarische Fiktion geschah auch deshalb sachlich zu Recht, weil gerade in dieser deuteronomischen Neuformulierung der alten Glaubensüberlieferungen Israels das Erbe der mosaischen Jahwereligion einer veränderten Gegenwart erhalten werden sollte. Man hat daher die deuteronomische Verkündigung treffend als „konstruktive Restauration“ bezeichnet. Daß sich Israel erneut als noch nicht in Kanaan eingezogen und zu seiner endgültigen „Ruhe“ gelangt verstehen konnte, obwohl es schon Jahrhunderte lang im Land wohnte, erklärt sich aus dem bedingten Charakter der Segenszusagen und Fluchandrohungen: konnte doch Jahwe je nach Israels Verhalten die Gaben des Heils wiederum gewähren oder entziehen. Auch verlieren ja in der Geschichte erfüllte Verheißungen Gottes nicht ihre Bedeutung, sondern bleiben auf anderer Ebene und in teilweise gewandelter Gestalt bestehen.

6. *Theologische Grundlinien*

Das Deuteronomium bildet traditionsgeschichtlich und theologisch die *„Mitte des Alten Testaments“*. In diesem Konzentrat alttestamentlichen Denkens werden Kultus und Recht, Ethos und Geschichte, Nation und Glaube theologisch berücksichtigt, werden für die Zukunft geschichtsmächtige Impulse gegeben.
Den eigentlichen und umfassendsten Gegenstand der deuteronomischen Botschaft bildet das *Volk Israel*, was es ist und wie es sein soll. Es wird „definiert“, indem es an Gottes Wirken in seiner Geschichte erinnert und ihm eine Lebensordnung entworfen (4,8) wird.
Am komprimiertesten wird die Theologie des Deuteronomiums in der sogenannten *„Bundesformel“* zusammengefaßt: Jahwe ist der Gott

Israels, Israel ist Jahwes Volk. Diese Formel bildet das bleibende Prinzip des gesamten politisch-religiösen Lebens des Gottesvolkes im Ablauf der Jahrhunderte. Entfaltet findet sie sich in 26,17—19. Die etwa dreihundertmal gebrauchte Wendung „Jahwe dein/euer/unser Gott" klingt an sie an. In ihr wird offenbar, daß Jahwe ein persönlicher Gott, ein Schutzgott ist.

Über Entstehen, Funktion und Wandel der Bundestheologie des Deuteronomiums wurde bereits früher gesprochen.

Nach deuteronomischer Auffassung begann die Geschichte Jahwes mit Israel damit, daß Gott sich in völlig unableitbarer, freier *Liebe* den Patriarchen zuwandte bzw. sie erwählte. In diesem Gnadenakt gründet auch die *Erwählung* Israels (10,15). Aber auch seine heilsvermittelnden Institutionen, nämlich die Leviten (18,5), der König (17,15) und der Ort des Heiligtums (12,5 u. ö.), sind von Jahwe erwählt. So ist Israel als „Volk des Sondereigentums" (7,6) aus allen anderen Völkern herausgehoben. Von ihnen sollen die Kanaanäer durch Israel vernichtet werden, weil sie schuldig geworden sind (9,3—5) und mit ihren Kulten eine ständige Versuchung Israels zum Abfall von Jahwe bilden (7,1—5; 12,29—31). Doch betont das Deuteronomium dabei, daß Israels Gottesverhältnis und seine militärischen Erfolge nicht auf seiner eigenen Gerechtigkeit (9,5—6) oder irgendwelchen besonderen natürlichen Fähigkeiten (7,7—8) beruhen, sondern auf der Treue Jahwes zu seiner den Vätern gegebenen Verheißung des Landes.

Ihre Verwirklichung begann mit der *Herausführung* Israels aus der Knechtschaft Ägyptens. Der Begriff schließt eine juristische Aussage ein: die Befreiung eines Sklaven aus seinem Dienstverhältnis, wodurch nun dem neuen Herrn das Recht auf Gehorsam des erworbenen Sklaven zukommt (siehe dazu die „Katecheteninstruktion" über Ursprung und Sinn der Gebote in 6,20—25).

Man könnte von einem *Gnadenprinzip deuteronomischen Gesetzesgehorsams* sprechen. Gottes Forderungen finden ihre Begründung in seiner immer schon vorauseilenden Heilstat an seinem Volk. Sie sind also nicht „Gesetz", sondern ebenfalls „Evangelium" im paulinischen Sinn. Sie wollen letztlich nichts anderes, als daß Israel, zum Leben im Verheißungsland befreit, auch tatsächlich in diesem Raum der Gnade verbleibt. Sind sie doch „zu seinem Besten" (6,24) erlassen.

Der Jahwewille wurde am Horeb — so nennt nämlich das Deuteronomium stets den Gottesberg Sinai — erstmals verkündet. Dabei erfuhr Israel durch die Theophanie Jahwe als „verzehrendes Feuer und eifersüchtigen Gott“ (4,24), der Israel ganz für sich besitzen will. Er selbst verkündete die „zehn Worte“ (4,13), den Dekalog. Weitere Gebote aber teilte er nur Mose mit, der sie erst in den Steppen von Moab veröffentlichte und dadurch zum Mittler des Gesetzes wurde (Kap. 5). Für spätere Zeiten verhieß er einen „Propheten wie Mose“, der dann weiter den Gotteswillen erklären sollte (18,15—18).

Das Deuteronomium verwendet für den in ihm niedergelegten *Gotteswillen* eine Fülle von Ausdrücken. Ursprünglich bezeichneten diese genau festgelegte Rechtsformen, etwa kultische Bestimmungen oder das am Stadttor praktizierte Gewohnheitsrecht. Nachdem aber im Deuteronomium Recht aus verschiedensten Bereichen zusammengeflossen war, verwischten sich auch die Bedeutungsunterschiede zwischen den Worten für Gesetz. Sie meinen im vorliegenden Buch praktisch immer die Kapitel 5—26 (ausgenommen jene, die zur Bezeichnung der zehn Gebote dienen). Innerhalb dieses Textes schärfen die Kapitel 5 bis 11 mehrfach die Grundsatzerklärung ein. Diese wird in den Kapiteln 12—26 in Einzelbestimmungen entfaltet.

Die *Grundsatzerklärung* wird — den unterschiedlichen Situationen während ihrer Formulierung entsprechend — verschiedenartig ausgedrückt: etwa als das von Jesus aufgegriffene Hauptgebot der Liebe zu Jahwe „aus ganzem Herzen, ganzer Seele, ganzer Kraft“ (6,5); oder als Auftrag, Jahwe allein zu „fürchten“, ihm allein „zu dienen“ und allein „bei seinem Namen zu schwören“ (10,12.20; 6,13); oder als Forderung, Jahwe in einer Periode des Wohlstandes nicht zu vergessen und den gewonnenen Reichtum nicht sich selbst zuzuschreiben (8, 11.17). Allen Fassungen geht es letztlich darum, Israel aus der Vielfalt der Gebote in das fundamentale, einfache Gegenüber zu seinem Gott zu bringen. Diese theologische Vereinheitlichungstendenz wird auch in den *Einzelgesetzen* für die verschiedenen Daseinsbereiche spürbar. So enthalten sie Rechtssätze zu fast allen Geboten des Dekaloges. Darüber hinaus aber werden Bestimmungen, die das Deuteronomium mit anderen Gesetzeswerken — besonders dem alten, sogenannten „Bundesbuch“ (Ex 21—23) oder seiner Vorlage — gemeinsam hat, umgeschmolzen. Sie lassen dann in ihrer Auswahl, Aussageabsicht und Formulierung nicht nur den Wandel der Institutionen, sondern auch die Änderung der zugrundeliegenden theologischen Auffassung erkennen.

Das Streben nach Einheit wird auch in dem von den Gesetzen entworfenen Bild des *Gottesvolkes* spürbar. Alle Israeliten sind Brüder. Das gilt auch für den König (17,15.20), für den anstelle von Mose verheißenen Propheten (18,15.18), vor allem auch für den verarmten Volksgenossen (15,7). Symbol dieser Bruderschaft sind die am Zentralheiligtum gefeierten Feste und das kultische Mahl, zu dem Sohn und Tochter, Sklave und Sklavin, der Levit (dessen Erbbesitz Jahwe allein ist), der Fremdling, die Waise und Witwe geladen werden, um gemeinsam fröhlich zu sein vor Jahwe (Kap. 16). Die christliche Urgemeinde von Jerusalem hat sich gerade diese Auffassung des Gottesvolkes zu eigen gemacht (vgl. Apg 4,32—35 mit Dtn 15,4).

Das am Gotteswillen ausgerichtete Leben Israels vollzieht sich in dem „schönen" *Land,* „das von Milch und Honig fließt". Es ist mit geradezu paradiesischen Zügen ausgestattet (8,7—9) und bildet die eigentliche Heilsgabe Jahwes an sein Volk. In diesem „Erbbesitz" soll es „Ruhe", den Inbegriff höchsten Glücks, genießen (12,9), die „Ruhe vor allen Feinden ringsum" (25,19), in der man sich der irdischen Güter voll erfreuen kann, in der man aber auch von seinem Gott umfangen, bei ihm geborgen ist und sich ihm ungestört ganz hingibt. Ob das Gottesvolk in diesem Raum der Gnade verbleibt, hängt letztlich von seiner Einstellung zum Gotteswillen ab. Das betonen die verschiedenen *Segens- und Fluchsprüche,* die in Kapitel 28 ursprünglich auch das Deuteronomium abschlossen.

Auslegung

Erste Moserede: Rückblick und Mahnung (1,1 — 4,43)

1. Ort und Zeit (1,1—5)

Die erste feierliche Überschrift und Redeeinleitung ortet die Worte des Mose. Sie ergehen an Israel, das — über alle politischen und volksmäßigen Bande hinaus — vor allem religiös durch den gemeinsamen Glauben an Jahwe zum Gottesvolk geeint wird. Im Zentrum des ältesten Textbestandes, der *Verse 1a.4—5,* stehen die Siege Israels über die beiden ostjordanischen Könige. Die anschließenden Kapitel 1—3 werden ja über diese Kriegserfolge ausführlich berichten, weil sie die Eroberung des verheißenen Landes einleiten. Der später eingeführte *Vers 3* rückt die göttliche Autorität hinter der mosaischen Verkündigung in den Mittelpunkt der Überschrift. Die Abschiedsrede des großen Volksführers wird dabei nach einem religiösen Kalender datiert, der auch den in den Büchern Exodus bis Numeri beschriebenen Wüstenzug als liturgisches Geschehen erscheinen läßt. Die voneinander abweichenden Ortsangaben beruhen auf verschiedenen, mit dem Wirken des Mose verbundenen Überlieferungen. Spiegelt sich in der Bemerkung „jenseits des Jordan" in *Vers 1* der Gesichtspunkt des in Westpalästina lebenden Verfassers wider, so ereignet sich nach *Vers 5* die mosaische Unterweisung am moabitischen Hochplateau.

2. Bestellung von Funktionären beim Aufbruch vom Horeb (1,9—18)

Diese organisatorischen Regelungen wurden erst von zweiter Hand in die rückblickende Erzählung von der Wüstenwanderung Israels eingeschoben. Dieser „Exkurs" kombiniert Teile älterer Erzählungen und betrifft die *Verwaltung und Rechtsprechung* in Israel. Sie sollten beim Horeb verankert werden, bevor Israel dem Gottesbefehl entsprechend

(V. 6—8) von dort aufbricht (V. 19). Im Unterschied zu Num 11,14.16—17 klagt hier Mose dem Volk — nicht Gott — seine Überlastung, und das Volk — nicht Gott — wählt kundige, lebenserfahrene Männer zur Unterstützung des Mose. Diese Akzentuierung entspricht der zentralen Bedeutung des Gottesvolkes in der deuteronomischen Theologie. Wie die von den „Listenführern" geforderten Eigenschaften (V. 13.15) beweisen — vgl. dagegen Ex 18,21 — handelt es sich bei ihnen trotz ihrer militärischen Titel letztlich um königliche Beamte. Da diese „Listenführer" nach den älteren Bestimmungen Ex 18,13—28 zugleich als Richter bestellt wurden, die beiden Funktionen nach den deuteronomischen Anordnungen jedoch getrennt erscheinen (vgl. 16,18), spiegeln unsere Verse wahrscheinlich eine Rechtsreform zur Zeit des Verfassers wider (siehe dazu im deuteronomischen Verfassungsentwurf 16,18—20; 17,8—13). Komplizierte Fälle bleiben einer zentralen richterlichen Instanz vorbehalten, die hier unter der Gestalt des Mose vorgestellt wird.

3. Unglaube in Kadesch-Barnea: „Anti-Heiliger-Krieg" und „Anti-Exodus" (1,6—8.19—2,1)

Der Text setzt die Kenntnis der Erzählung von der Aussendung der Kundschafter, dem Murren Israels und der Mosefürbitte zur Beschwichtigung des göttlichen Zorns in *Num 13—14* voraus. Er deutet sie unter Verwendung von typisch deuteronomischen Vorstellungen, etwa der von der maßgeblichen Verantwortung des Volkes, *als Zerrbild eines heiligen Krieges.* In seinem Bannkreis stehen alle anderen Motive, vor allem auch der einheitsstiftende und bewußt durchgezogene *Weggedanke.* Diesem Anliegen dient ebenfalls die *szenische Gliederung,* deren „konzentrischer", das heißt symmetrisch auf einen Mittelpunkt angelegter Aufbau in der Abfolge der redenden Personen greifbar wird. Zunächst im ersten Zyklus: A Jahwe spricht (V. 6—8) — B Mose spricht (V. 20—21) — C das Volk spricht (V. 22) — D die Kundschafter sprechen (V. 25) — C' das Volk spricht (V. 27—28) — B' Mose spricht (V. 29—31) — A' Jahwe spricht (V. 35—36).

Ein Gottesorakel löst den heiligen Krieg aus. Auf ihm soll trotz der Überlegenheit der Feinde alle Siegesgewißheit Israels ruhen. Der Jahwekrieg wird dadurch zum verhüllten Glaubensbekenntnis. Die durch das Auftragswort eingeleitete Landübergabe *(V. 8)* erscheint als partnerschaftlicher juristischer Vorgang zwischen Gott und Israel. Seine Rechtsgrundlage bildet die Verheißung Jahwes an die Patriarchen. Die Gegenzeichnung Israels bestünde in dem symbolischen und zugleich sehr realen Akt des Eintritts in den neuen Besitz. Er umfaßt ganz Palästina *(V.7)* und wird kontrastiert mit der schrecklichen Wüste, die das Volk aber aufgrund seines Gehorsams gegenüber Jahwes Wort sicher durchziehen konnte *(V. 19)*. Dem im heiligen Krieg traditionellen Ruf des Heerbannführers vor der Schlacht, dem Gottesentscheid zu entsprechen und sich nicht zu fürchten, weil Jahwe der eigentlich Handelnde ist *(V. 21)*, antwortet Israel mit der Bitte um Aussendung von Kundschaftern *(V. 22)*. Ihr positiver Bericht *(V. 25)* bildet den Wendepunkt der Redemontage: nach dem harten „ihr habt euch geweigert" *(V. 26)* springt alles um ins Anti-Schema. Im Textaufbau setzt nun die sachentsprechende, rückläufige Bewegung der einzelnen Motive ein. Die Zurückweisung des Gottesbefehls, in das verheißene Land hinaufzuziehen *(V. 26)*, wird zur Ursünde Israels. Sie deutet als erster Akt einer langen Unheilsgeschichte eine noch dunklere Zukunft an und nimmt das im 2. Königsbuch beschriebene bittere Ende schon vorweg. Das perverse Verhalten des Volkes signalisiert die mißbräuchliche Verwendung der Heiligen-Kriegs-Idee. Mit einem vom Weggedanken geprägten und auf das Urbekenntnis Israels, die Herausführung aus Ägypten, bezogenen Antiglaubensbekenntnis untermauert das Volk seine Absage. Das „Murren in den Zelten", die Entmutigung (wörtlich: das „Zerfließen des Herzens") und der vertrauens- und hoffnungslose Hinweis auf die eigene Unterlegenheit angesichts der Übermacht des Gegners charakterisieren den Anti-Heiligen-Krieg (*V. 27.28*; zu den Enakitern siehe bei 9,2). Er erscheint in der daran anknüpfenden, grotesk wirkenden Kampfesermunterung des Mose (vgl. 20,2—4) mit den Hinweisen auf das Wunder am Schilfmeer als dem Paradigma eines heiligen Krieges (siehe dazu Ex 13,21; 14,13—14.19—21.24—25.31) auch als *Anti-Exodus (V. 29—31)*. Israel ist unfähig, das Grundbild seines Glaubens nachzuvollziehen und verspielt die Gabe des verheißenen Landes *(V. 32—33)*. Das Rechtsmodell läuft aus. Jahwe nimmt die unter Eid übernommene Selbstverpflichtung (V. 8) wieder durch einen Schwur zurück: die lebende Generation wehrfähiger Männer wird ihrer Sünde entsprechend bestraft und darf das „prächtige Land" nicht betreten *(V. 34* bis *35).* Da der Väterschwur aber ein Akt einseitiger göttlicher Huld ist und durch den fehlenden Vertragswillen des Partners nicht endgültig vereitelt werden kann, wird er bei der nächsten Generation erneut wirksam *(V. 39).* So steht neben der radikalen Einsicht in die Verlorenheit des „alten" Israel auch in der exilischen Periode, aus der dieser Text stammt, zugleich die Hoffnung auf ein „neues" Israel, dem aufgrund des Gotteseides an die Patriarchen wieder der Aufbruchsbefehl in das Land gegeben wird. Die aus der Tradition (Num 14,24) als bekannt vorausgesetzte Ausnahme Kalebs *(V. 36),* des Hauptes eines um Hebron siedelnden Stammes, vom Strafurteil bereitet eine spätere Erzählung des deuteronomistischen Geschichtswerks (Jos 14,6—15) vor. Mit ihr korrespondiert die Straffreiheit Josuas, des Amtsnachfolgers des Mose (*V. 38,* siehe dazu bei Kap. 31). Die Mitbestrafung des unschuldigen Mose *(V. 37)* freilich bleibt ein Geheimnis. Zwar wird er nicht mit der Sündergeneration zusammen vernichtet, sondern noch mit der anschließenden Eroberung des Ostjordanlandes betraut, teilt aber letztlich doch ihr Los. Sein Tod rückt ihn in die Nähe des unverdienten und erlösenden Sühneleidens des Gottesknechts. Durch drei Kapitel (siehe vor allem 3,23—27) übt der Verfasser rhetorisch-erzieherisch seine Leser in der Exilsperiode anhand des schwerbegreiflichen Moseschicksals ein, ihre individualistischen Gedanken über eigene Schuld und Unschuld hinter sich zu lassen und sich solidarisch zu wissen mit der Gesamtschuld und -sühne des Volkes. Das Urteil über die einzelnen Personen erfolgt in den Versen 35—40 übrigens wieder in konzentrischer Abfolge: Volk (V. 35) — Kaleb (V. 36) — Mose im Zentrum (V. 37) — Josua (V. 38) — Volk (V. 39—40).

Der zweite kleine Redezyklus des Kapitels — A Jahwe spricht (V. 37—40) — C das Volk spricht (V. 41) — A' Jahwe spricht (V. 42) — führt die dabei redenden Partner nicht mehr zu wirklichem Zwiegespräch und verliert sich schließlich im Schweigen Jahwes. In bitterer Ironie schlägt der Ungehorsam der Passivität des Volkes um in den Ungehorsam der selbstgewählten Tat *(V. 41).* Der eigenwillig aufgenommene, von Gott aber bereits zuvor beendete heilige Krieg endet in einer unvermeidlichen Niederlage *(V. 42—44),* das Hinaufziehen nach Kanaan führt zu einem Rückzug in die Wüste gegen das Schilfmeer hin und zu sinnlosem, aufreibendem Kreislauf um das Gebirge *(2,1)*. Blieb schon in den Versen 29—36 die in den Quellen des Verfassers erzählte Fürsprache des Mose (Num 14,13—19) unerwähnt — was wohl vor seinem zeitgeschichtlichen Hintergrund, dem Exil, bewertet werden muß —, so erhört Jahwe jetzt auch die Bußriten des Volkes nicht *(V. 45)*.

4. Das Gegenbild: Die Eroberung des Ostjordanlandes (2,2 — 3,17)

Die Quellen des Autors, die er wiederum eigenständig gebraucht und originell akzentuiert, finden sich in *Num 20,14—21; 21,4—25.33—35; Ex 14—15*. Inhalt und Stil stehen jedoch in *hartem Kontrast zum vorausgehenden Text*. In dem neuen Geschichtsabschnitt wird wieder ein heiliger Krieg geschildert, aber nun funktioniert er; wiederum dient als Leitmotiv der Weg, aber jetzt ist er voller Wunder und gelangt an sein Ziel. Fand der vergebliche Eroberungsversuch, von dem Israel gleichsam zu seinem Ausgangspunkt zurückkehrte, seine sinngerechte Darstellung in einer konzentrischen Struktur, so entfaltet sich hier die Handlung in einer Geraden. Ihr Rhythmus wird vom *Schema „Auftrag (Gottes) — Ausführung (durch das Volk)"* bestimmt: so beim Zug Israels durch Edom (2,2—8) und Moab (2,9—13). Es wird nur in jenem Augenblick verzögert, in dem ein Jahweorakel den Kampf gegen König Sihon von Heschbon aufträgt (V. 24—25) und aus dem unbehinderten Marsch ein Kriegszug wird, der auf Widerstand prallt (V. 30). Mit seiner „Ausführung" ist der Durchbruch gelungen und das Gebiet zwischen den Flüssen Arnon und Jabbok geht in den Besitz Israels über (V. 31—36). Nach der letzten Wiederholung des Schemas bei Og, dem König des nördlich von Ammon gelegenen, fruchtbaren Baschan (3,1—7), ist Ostjordanien unterworfen (V. 8.10) und wird verteilt (V. 12—13a).

Die gliederungsmäßige Abhebung von Kapitel 1 wird unterstrichen durch *formulierungsmäßige, sachliche und strukturelle Anspielungen* auf diesen Text. So notiert *2,14—16* vor dem Beginn des heiligen Krieges gegen Sihon dreimal feierlich das Aussterben der alten, sündigen Generation und damit die Erfüllung des Jahweschwures von 1,35.39. (Vgl. 2,14 mit dem späteren Zusatz 1,46, der das Deuteronomium mit der alten Tradition eines Aufenthaltes in Kadesch Barnea harmonisiert — siehe Num 20,1 — und angesichts des Gottesbefehls von 1,40 eine zusätzliche Sünde Israels vermerkt.) Der Anti-Heilige-Krieg und Anti-Exodus ist bestraft. Auf ihn verweisen die erhobene Hand Jahwes und der vernichtende Gottesschrecken, den im heiligen Krieg nur Israels Feinde, vor allem die Ägypter beim Exodus (Ex 14,25) erfuhren. *2,24—31* ahmt den Zyklus von Kapitel 1 nach (vgl. 2,24—25 mit 1,6—8; 2,26 mit 1,25; 2,30 mit 1,26; 2,31 mit 1,35). 3,1—3 zeigt Anklänge an 1,41—46.

Solche Darstellungsweise und ein Vergleich mit den Quellen beweisen, daß der Verfasser *historische Tatbestände zugunsten einer geschichtstheologischen Systematisierung und der Rückbeziehung der Ereignisse auf Kapitel 1 opferte.* So berichtet die ihm bekannte (siehe 2,27—28) Erzählung Num 20,14—21 von der Gesandtschaft Israels an den König von Edom, ferner von der zweimaligen demütigen Bitte, sein Gebiet durchwandern zu dürfen, die aber hartherzig abgeschlagen wurde, und schließlich von der Änderung der Marschroute Israels. In unserem Text *(2,4—8)* aber findet sich nur eine strenge Warnung Jahwes an das Volk, sich aller Übergriffe zu enthalten und friedlich das Gebiet des Brudervolks, das sich von Esau herleitete, zu „durchziehen" (zu diesem Leitwort des Kapitels siehe Ex 15,16b; zur Furcht der Edomiter Ex 15,15). Denn ein von Israel nicht gebrochener Widerstand der Edomiter müßte nach deuteronomischer Auffassung als Sündenstrafe verstanden werden. Zu dieser lag jedoch kein Anlaß vor.

Aber auch mit den Moabitern *(2,9)* und Ammonitern *(2,19)* darf kein Krieg geführt werden (der historischen Wirklichkeit viel näher steht 23,4). Denn konkrete Jahwezusagen an diese Völker aus der Patriarchenzeit müssen respektiert werden (siehe Gen 36,43; 13,11—12; 19,30—38; Dtn 32,8). Erst bei den geschichtstheologisch „vogelfreien" Königen Sihon und Og kann sich die Logik des heiligen Krieges auswirken, obwohl das eigentliche verheißene Land nach der Auffassung des Verfassers auf Westjordanien beschränkt ist. Erscheint die in der Tradition überlieferte Botschaft an Sihon (Num 21,21—22) nach dem Heiligen-Krieg-Orakel (vgl. dazu Ex 15,14) auch überflüssig, so offenbart die dadurch umso unerklärlichere Reaktion des Königs deutlich die besondere Fürsorge Jahwes für sein Volk (2,30). Zu dem an Israels Feinden vollzogenen „Bann" (2,34) siehe unten Exkurs. Die dem Verfasser über Og von Baschan vorgelegenen Überlieferungen sind uns unbekannt; der diesbezüglich bedeutsame Text Num 21,33—35 hängt nämlich von unserem Text ab. Die ganze Darstellung manifestiert somit entsprechend dem theologischen Grundanliegen der Deuteronomisten Jahwe als den universellen Herrn der Geschichte, dessen Wort sich durchsetzt. Für ihre ersten Adressaten zur Exilszeit aber mochte dies bedeuten: auch mit der babylonischen Verbannung ist nicht das letzte Wort Gottes gesprochen.

Weil die Ereignisse nun Israel an sein Ziel führen, tritt auch das *historische und geographische Interesse* stark in den Vordergrund. Freilich lassen sich nicht mehr alle geschichtlichen Bemerkungen überprüfen und alle Ortsangaben mit Sicherheit bestimmen. Antiquarische Glossen berichten über die Ureinwohner von Moab *(2,10—12;* zu den Emitern siehe Gen 14,5; zu den Rafaïtern, hier als vage völkische Sammelbezeichnung, siehe Gen 15,20; zu den Horitern, dem im zweiten Jahrtausend bedeutenden Volk der Huriter, die offenbar als abgesprengte Gruppe im edomitischen Gebiet siedelten, siehe Gen 14,6; 36,20—30); ferner über die vorgeschichtliche Bevölkerung von Ammon *(2,20—23;* Kaftor, meist mit Kreta identifiziert, gilt als ursprünglicher Wohnsitz der Philister — siehe Am 9,7 —, von denen die Awwiter, die kanaanäische Bevölkerung der südwestlichen Küstenebene, im Zusammenhang des Seevölkerkrieges im zwölften Jahrhundert aufgerieben wurden). Eine gelehrte Notiz *(3,9)* zählt die lokalen Varianten in der Benennung des Hermon auf. Folkloristisches Interesse gilt dem halblegendären König Og und seinem ca. 4½ Meter langen Bett *(V. 11).* Bei diesem dürfte es sich in Wirklichkeit um einen megalitischen Dolmen handeln, den die Volkstradition als Sarkophag auffaßte; das Eisen ist wahrscheinlich ein diesem in Farbe und Härte ähnlicher Basalt. Auf die Übereignung der eroberten Landstriche an die Stämme Ruben, Gad und Halb-Manasse (vgl. Num 32; Jos 13,15—33; — die Teilung zeigt die Bedeutsamkeit der Zwölfzahl der Stämme) folgt nach einer erklärenden Bemerkung über Baschan *(V. 13b)* zunächst eine Information über den Stamm Manasse *(V. 14—15).* Sie unterrichtet über die Dörfer des zu diesem Stamm gehörenden Sippenverbands Jair (nach Num 32,41 und 1 Kön 4,13 in Gilead, nicht wie hier in Baschan gelegen), die im Norden an die Gebiete der aramäischen Stämme der Geschuriter und Maachatiter heranreichen; ferner über die ebenfalls als Teil von Manasse angesehene Sippe Machirs in Gilead. Dieser Nachtrag dient einer Harmonisierung des Deuteronomiums mit Num 32,39—41 und Jos 12,2—6. Schließlich *(V. 16—17)* werden die in Vers 12 noch nicht bestimmten Grenzen von Ruben und Gad beschrieben. Dies könnte jedoch eine gegenüber der bereits erwähnten Zuteilung verschiedene historische Situation widerspiegeln.

Exkurs

Jahwekrieg und Vernichtungsweihe

Das Bild des Deuteronomiums und der anderen Bücher des deuteronomistischen Geschichtswerks vom grausamen sakralen Vernichtungskrieg wird meist in seiner eigentlichen Aussageabsicht mißverstanden. Es sollte zunächst die verschiedenen alten Traditionen über die Landnahme Israels systematisieren: nämlich die in der antiken Welt übliche und auch in der Frühzeit Israels (und nur in ihr) bisweilen vollzogene Vernichtungsweihe der gesamten feindlichen Bevölkerung und ihres Besitzes (fälschlich „Bann“ genannt); ferner überlieferte Listen von einst im Land ansässigen Völkern, die jedoch zur Entstehungszeit des Deuteronomiums nicht mehr existierten; schließlich das Wissen um die Landverheißung Jahwes. All dies wurde also in der deuteronomistischen Theologie von Israels kriegerischer Landnahme verarbeitet. Ihre Darstellung sollte aber auch das religiös-nationale Selbstbewußtsein der Leser in der Zeit des Königs Joschija stärken. Dienten doch Berichte über grausame Vernichtungsaktionen des eigenen Heeres propagandistischen Zwecken und jagten ehemaligen oder möglichen Feinden Furcht ein. Diese psychologische Kriegsführung, durch bluttriefende Kriegserzählungen eine abschreckende Atmosphäre zu erzeugen, dürfte aus der assyrischen Kriegspropaganda übernommen worden sein (vgl. 2 Kön 19,8—13). Doch waren diese Erzählungen Sache der fernen Vergangenheit Israels. Denn die Vernichtungsweihe — im Alten Orient hatten Kriege stets eine religiöse Sinndimension — war durch das Kriegsgesetz Dtn 20,10—18 auf die Landnahmesituation Israels und auf die feindliche Bevölkerung des Verheißungslandes eingeschränkt. Für spätere Zeiten und andere Völker galten andere

Regeln. Somit wird die Vernichtungsweihe den eigentlichen Adressaten des Deuteronomiums, den Lesern zur Zeit des Königs Joschija, gerade verboten. Für diese Periode und ihre Außenpolitik konnte sich Israel in seiner Kriegsgesetzgebung sogar einer höchst zivilisierten Vorgangsweise rühmen. Danach darf zum Beispiel der Gegner erst angegriffen und vernichtet werden, nachdem er ein Unterwerfungsangebot abgelehnt hatte (20,10—11). Auch bleiben die materiellen Werte vor der Zerstörung verschont (20,14). Die in der Geschichte niemals verwirklichte Forderung einer Ausrottung der Kanaanäer (vgl. Ri 1,27—36) wird theologisch damit gerechtfertigt, daß sich Israel nur auf diese Weise mehr der ständigen Versuchung eines Abfalls zum Götzendienst erwehren könne (20,18). Die beiden ersten im deuteronomistischen Geschichtswerk beschriebenen Vernichtungsfeldzüge, nämlich die Kriege gegen die Könige Sihon und Og (Kap. 2—3), bilden Beispielerzählungen der deuteronomistischen Kriegstheorie.

5. Vorbereitungen zur Eroberung des Westjordanlandes (3,18—29)

Die Redekomposition bezieht sich auf 1,6—8 und 1,37—40 und bildet zusammen mit 2,14—16 das Rahmenwerk der Kapitel 1—3. Verglichen mit 1,37—39 werden die Rollen von Mose (1,37::3,23 bis 28), Josua (1,38::3,21—22) und Volk (1,39::3,18—20, hier jedoch nur auf die ostjordanischen Stämme bezogen) in umgekehrter Abfolge behandelt. Mose organisiert die Eroberung des gelobten Landes. Jahwe steht also über die Besetzung des Ostjordanlandes hinweg zu seinem Verheißungswort. Die Anomalie in der Überlieferung, daß israelitische Stämme außerhalb des Verheißungslandes (siehe 1,7) wohnen, erklärt der Verfasser dadurch, daß Jahwe selbst ihnen das Land gegeben habe *(3,18)* und daß sie feierlich zur Teilnahme an der Eroberung des Westjordanlandes verpflichtet wurden *(V. 19—20).* Damit zieht also doch ganz Israel über den Jordan (von der gleichen Theologie wird die Darstellung Jos 1,12—18 bestimmt; vgl. Num 32,16—17). Historisch erfolgte die Landnahme der *ostjordanischen* Stämme, nämlich des gebietsmäßig am weitesten ausgedehnten und wichtigsten Stammes Manasse sowie der Stämme Ruben und Gad, freilich umgekehrt von Westen nach Osten.

Josua wird als Amtsnachfolger des Mose zum Anführer Israels eingesetzt und ermutigt *(V. 21—22;* siehe dazu bei Kap. 31). *Mose* glaubt im Verhalten Jahwes Ansätze zu einer unterschiedlichen Behandlung seiner Person gegenüber der ungläubigen Generation zu erkennen — verwirklicht sich doch Ex 15,14—16 bereits vor seinen Augen. Deshalb bittet er, in das „prächtige Land" hinüberziehen und es sehen zu dürfen *(V. 23—25).* Doch das in Kapitel 1 entworfene Gottesbild, Jahwes Gnaden- und Gerechtigkeitsprinzip in seiner Treue gegenüber dem Väterschwur und in seiner Strafgerechtigkeit angesichts der Glaubensverweigerung (1,37), ist endgültig. Solch religiös-tragische Auffassung begegnet im deuteronomistischen Geschichtswerk erst wieder am Ende der Königszeit, vor allem bei der Beurteilung des Königs Joschija (2 Kön 23,25—27). In ihr kündet sich die bittere Erfahrung des Exils an. Hart lehnt Jahwe vom Standpunkt der „Herrscherhaftung" des Mose aus dessen Ansinnen ab. Aber er gestattet das Schauen des Landes (*V. 26—27*; vgl. 34,1—3). In einer früheren Traditionsschicht dürfte dieses Sehen des Gebietes die juristische Weise der Inbesitznahme des Landes gewesen sein (vgl. Gen 13,14—15 und die „demonstratio finium", das Zeigen der Grenzen, in der römischen Praxis der Eigentumsübertragung). Die Schlußnotiz unterstreicht die schweigende Annahme des Gottesentscheides durch Mose. Da er also abtreten wird, muß er nun das deuteronomische Gesetz verkünden.

6. Das Bilderverbot als Hauptgebot (4,1—40)

Der Text wurde erst nach Kapitel 1—3 und 5 für diesen Zusammenhang geschaffen. Von daher erklärt sich sowohl die Verklammerung von 3,25—28 mit 4,21—22 und 3,29 mit 4,3 als auch der abrupte Übergang zwischen Kapitel 3 und 4; ferner, daß der literarische Charakter und die theologische Aussage der Mahnrede nicht auf den vorausgehenden Geschichtsbericht abgestimmt sind. 4,1—40 bildet gewissermaßen ein Konzentrat der Ermahnungen von Kapitel 5—28. Stilistisch stellt der Text eine äußerst kunstvoll gestaltete Einheit dar, ein *Glanzstück deuteronomischer Rhetorik.* Im Dienst dieser Redekunst steht auch die vieldiskutierte und nur anscheinend wahllose *Mischung von Einzahl und Mehrzahl in der Anrede* der Zuhörer mit

„du" bzw. „ihr", die sich hier und in anderen ähnlichen Abschnitten des Deuteronomiums findet. Sie muß als Stilmittel gewertet werden und hilft nicht, die verschiedenen Wachstumsschichten dieser Texte voneinander abzuheben. Mahnungen zum Gebotsgehorsam wechseln regelmäßig mit historischen Erinnerungen einerseits, die kontinuierlich in die Vergangenheit zurückschreiten (Vorfälle in Baal Pegor — Horebtheophanie — Herausführung aus Ägypten — Patriarchenschwur Jahwes), und Anspielungen auf zukünftige Ereignisse andererseits, die vom Standpunkt des Redners aus in immer spätere Geschichte Israels ausgreifen (Herrschaft Salomos — späte Königszeit — babylonisches Exil — Restaurationsepoche). Die Verse 9—31 lehnen sich zudem an den *Aufbau der Vasallenverträge* an.

Der Prolog *(V. 1—8)* behandelt die *gegenwärtige Veröffentlichung der Gesetze durch Mose und ihre Beobachtung durch Israel.* Die 4,1—4 und 30,15—20 gemeinsamen Motive rahmen gleichsam die ermahnenden Kapitel des Deuteronomiums. Ein „paränetisches" (das heißt: ermahnendes) Schema eröffnet den Text. Es wird auch sonst im Deuteronomium häufig als Rahmungs- und Gliederungselement verwendet und lenkt die Rede von ihrem Sondergut weg zur Besinnung auf die alles umfassende Grundhaltung. Dadurch dient es der inneren Einheit. Schon in seinem Aufbau — „erfüllt das Gesetz, damit es euch gut geht" (Gehorsamsermahnung und Segenshinweis) — zeigt es die enge Verbindung von Gesetz und Leben bzw. Besitz des gnadenhaft geschenkten Landes. Israel existiert im Hören auf die „Gesetze und Rechtsnormen" *(V. 1)*, womit praktisch die Kapitel 5—26 gemeint sind. Sie werden durch die im Alten Orient auch sonst bekannte uralte Kanonformel (*V. 2*: „nichts hinzufügen, nichts wegnehmen"; vgl. 13,1) als verbindliches Lehrganzes vor willkürlichen Veränderungen geschützt. Rechtsgrundlage für ihre Veröffentlichung durch Mose ist der Gottesbefehl am Horeb (V. 14), Zeitpunkt ihres Inkrafttretens die Einnahme des gelobten Landes *(V. 5)*, das ihr Gültigkeitsbereich ist. Das Halten der Gesetzesverpflichtung *(V. 6)* wird durch ein Lob der Gebote motiviert. Es kann dem im Exil lebenden Israel als ursprünglichem Adressaten dieses Textes aus der Krise heraushelfen, die sein innerstes Wesen berührt. In diese war es angesichts der hohen Kultur und Religion der damals weltgeschichtsmächtigen Völker geraten. Als Vergleichsebene dient die Bezeichnung Israels als „große

Nation" (V. 6.7.8). Sie ist zugleich für die alttestamentliche Nachkommenschaftsverheißung an die Patriarchen charakteristisch und dürfte auf Gen 46,3 anspielen: Gott wird die Abrahamsverheißung (Gen 12,2) an Israel gerade in der Fremde erfüllen und das Volk wieder ins gelobte Land zurückführen. Im übrigen bildet die Darstellung der glanzvollen Salomozeit in 1 Kön 3—10 den Hintergrund von *V. 6* und *7*. Damals zeichnete sich Israel als große und bedeutende Nation durch die Weisheit seines Königs (1 Kön 3,12) und die hilfreiche Nähe seines Gottes im Jerusalemer Tempel aus (1 Kön 8,27 bis 30). Diese Weisheit und Gottesnähe aber, so korrigieren die Verse 6—7, hat Israel immer und überall in seinem Gesetz (zur Identifizierung von Gesetz und Weisheit siehe Sir 24). Die deuteronomische Weisung für das Leben im Land, die im „heute" der Verkündigungsgegenwart erneut aufgetragen wird, empfiehlt sich dem Gottesvolk also nicht nur durch die Willenssetzung Jahwes, sondern auch durch das anerkennende Urteil der Weltöffentlichkeit und die Sachgerechtheit der Gesetze selbst *(V. 8)*. Schon außerhalb des Landes — damit auch im Exil — aber gilt die Grundforderung fundamentaler Jahwetreue, die im Zentralstück noch ausführlicher behandelt wird.

Der Einleitungsabschnitt *(V. 3—4)* aber kündet dieses Hauptgebot des „Gottesbundes" bereits dadurch an, daß die Zuhörer an die erst jüngst erlebte furchtbare Strafsanktion erinnert werden: wer zum Baal von Pegor abfiel (vgl. Num 25,1—9) und in seinem Fruchtbarkeitskult Lebensmehrung suchte, mußte sterben.

In den Versen 9—31 geht es nämlich um die *Ausschließlichkeit der Jahweverehrung*. In einer feierlichen liturgischen Versammlung des Volkes beim Horeb — dem Vorbild späterer Gottesdienste — wurden nicht nur die zehn Gebote geoffenbart und Mose mit der deuteronomischen Gesetzgebung betraut. Zugleich wurde auch durch die Gestaltlosigkeit der Erscheinung Jahwes die wahre Form des Kultes und das Hauptgebot des „Bundes", nämlich der zehn Gebote, begründet (*V. 10—14;* vgl. 5,2—31; Ex 19—20). Weil Israel keine Erscheinungsform Jahwes gesehen hat (V. 12), können die Gottesbilder nicht Jahwe sein. Verboten ist somit nicht die bildhafte Darstellung Jahwes — er wurde nie unter der Gestalt einer Frau, eines Vogels oder Fisches angebetet, und außerdem ist der bildlose Jahwekult längst etabliert —, sondern die Verehrung anderer Götter, die ihnen gewöhnlich in ihren abbildhaften Kultobjekten erwiesen wurde. Daß das Bilderverbot *(V. 16—18)* vom Fremdgötterverbot her gedeutet wird, entspricht ganz der Stellung des „zweiten" Dekaloggebotes (5,8a; siehe dort auch zur Gebotszählung), das aufgrund einer deuteronomistischen Einfügung (5,8—9a) ganz im Schatten des ersten Gebots verstanden werden soll. Der untersagte Gestirnskult *(V. 19a;* vgl. 17,2—5; 29,25) bildet überhaupt die Konkretisierung des Verbots der Verehrung anderer Götter. Tatsächlich kommentieren auch die Verse 16—20 den entsprechenden Text der zehn Gebote 5,6.8—9a. Im Hintergrund steht eine Überlegung über den Unglauben der späten Königszeit, in der man in Juda die Gestirne und tiergestaltige Götterdarstellungen verehrte (2 Kön 21,3—8; 23,4—14; Ez 8), was zur Tragödie von 587 vor Christus führte. Die Fremdkulte bilden aber eine noch größere Versuchung des hier eigentlich angesprochenen Gottesvolkes in der Exilsperiode, zumal Jahwe selbst die Verehrung der Himmelskörper anderen Völkern zugeteilt hat (vgl. dazu 32,8—9). In ihnen offenbaren sich himmlische Wesen, die als „Gottessöhne" (Ijob 38,7) oder „Engel" (Ps 148,2—3) Jahwe als ihren höchsten Herrn umgeben. Diese Legitimierung einer „Natur"-Religion soll jedoch nur das Vorrecht Israels deutlich machen, Jahwes Erbvolk sein zu dürfen, das er sich durch die Herausführung aus dem „Schmelzofen" — Bild unerträglicher Hitze und Qual — Ägypten erworben hat *(V. 20).* So wird Israel auch sein Erbland in Besitz nehmen, das zu betreten dem Mose freilich verwehrt ist *(V. 21—22).* Sein Schicksal liefert ein warnendes Beispiel für Jahwes Zorn, der auch Israel treffen wird, wenn es das als Hauptgebot der zehn Gebote (= des „Bundes") charakterisierte Bilderverbot mißachtet *(V. 23).* Denn Jahwe wacht mit strenger Eifersucht *(V. 24;* vgl. 5,9) darüber, daß sich sein Volk keinem anderen Gott zuwendet; hat er sich doch als fressendes Feuer geoffenbart (vgl. V. 11). Wenn aber die Frische der Grundforderung verblaßt und Israel die Alleinverehrung Jahwes aufgibt, gibt es sich selbst auf *(V. 25a).* Im Gegensatz zur üblichen Vertragsform geht im folgenden die Fluchvoraussage *(V. 26—28)* dem Segensteil *(V. 29* bis *31)* voraus. Sie bilden hier auch keine vom jeweiligen Verhalten des Volkes abhängigen Möglichkeiten, sondern werden in eine fast prophetische Zukunftsschau verwandelt. Darin spiegelt sich bereits die Tatsache des Exils. Mit höchstem Nachdruck, unter Anrufung von

Himmel und Erde (vgl. 30,18—19; 31,28) — ein Überbleibsel alter Vertragszeugenlisten — beschwört Mose die Sanktionen des „Bundesbruches": Zerstreuung unter die Völker und bloße Restexistenz Israels, somit eine Umkehrung der an die Väter ergangenen Land- und Nachkommenschaftsverheißung; in Entsprechung zur Sünde ferner ein nun strafweiser Kult der nutz- und leblosen Götterbilder (vgl. 28,36). Nach dieser Erfahrung der Gottferne wird Israel Jahwe wieder suchen. Die Voraussage, daß Gott sich sogar außerhalb des heiligen Landes finden läßt (vgl. Jer 29,13; Jes 55,6; siehe auch V. 7), wird sich verwirklichen. Dann wird Israel die Gnade der Umkehr und ein neues Gehorsamsverhältnis gewährt, denn Jahwe ist nicht nur ein eifernder, sondern auch ein barmherziger Gott. So wird er seines Eides an die Patriarchen — im Gegensatz zu dem „vergeßlichen" Israel (V. 23) — „nicht vergessen". Ist dieser doch als einseitiger Schwur anders als der „Horebbund" unabhängig von aller Erfüllung von Vertragsbedingungen und kann von der Sünde der Menschen nicht vereitelt werden. Mit ihm werden Nachkommenschafts- und Landverheißung (Gen 15) angedeutet, wodurch Hoffnung auf ein erneutes Abrollen der bisherigen, bereits kanonischen Heilsereignisse besteht (vgl. 30,1—10). Denn Jahwe besitzt, wie der folgende Abschnitt zeigt, die Macht, zugunsten seines Volkes das Rad der Geschichte nochmals herumzuwerfen.

Der *Epilog (V. 32—40)* gibt die *letzte Begründung für die Forderungen der beiden vorausgehenden Teile, nämlich den Gehorsam gegenüber den mosaischen Gesetzen und die ausschließliche Jahweverehrung.* Seine Grundstruktur bildet das „Schema der Beweisführung" (vgl. 8,2—6): Rückblick in die Geschichte Israels — glaubensmäßige Konsequenz („erkennen") — praktische Schlußfolgerung („achten auf"). Dabei werden das erste und zweite Element in leidenschaftlicher Steigerung — und zwar in Frage (V. 32—34) und Antwort (V. 36—38) — zweimal durchlaufen. In einem bis an die Grenzen von Raum und Zeit ausgedehnten Untersuchungsfeld wird Israel zum religionsgeschichtlichen Vergleich aufgerufen *(V. 32).* Die einzigartigen, wunderbaren Ereignisse in seiner Geschichte mit Jahwe bei der Offenbarung am Horeb *(V. 33.36),* bei der Herausführung aus Ägypten *(V. 34.37)* und der bereits begonnenen kriegerischen Inbesitznahme des Landes *(V. 38)* machen nicht nur Israels unvergleichliche

Besonderheit unter den Völkern aus (vgl. V. 6—8). Sie werden auch angesichts all dessen, was Götter sonst nicht vermochten, nämlich natürliche Gesetzmäßigkeiten zu ändern, in ihrer Unvergleichlichkeit zum Beweis für das ausschließliche Gottsein Jahwes in allen Bereichen der Wirklichkeit (*V. 35.39;* vgl. Jes 45,5; 41,22—23; 43,10 bis 13; 44,6). Die Beobachtung seiner durch Mose veröffentlichten Gebote ist daher wirklich die Voraussetzung für ein andauerndes, glückliches Leben im Land (*V. 40;* vgl. V. 1).

Der aus spätexilischer Zeit stammende Text 4,1—40 weckt und rechtfertigt theologisch die Hoffnung der Exulanten durch eine *Verlagerung des „Bundesverhältnisses" Israels* und durch eine *theoretische Präzisierung seines Gottesbildes.* Ähnlich dem zeitgenössischen priesterschriftlichen Geschichtswerk ersetzt er die Bindung Jahwes an den nun zu seinem Ende gelangten Vertragsmechanismus durch die viel ältere und tiefere Bindung Jahwes aufgrund seines Eides gegenüber den Patriarchen. In Anlehnung an die unmittelbar vorausgehende Verkündigung des Propheten Deuterojesaja aber nähert er seine Vorstellungswelt und Sprache jener des Monotheismus an. Zu diesem Zweck wird Jahwe — wohl im Anschluß an ältere Stellen wie 10,21 und 32,8 — mit dem kanaanäischen Götterkönig El gleichgesetzt, wodurch alle Götter als tiefer stehend und in ihrer Machtbefugnis als abhängig erscheinen. Jahwe wird daher — wörtlich wiedergegeben — als „eifersüchtiger El" (V. 24) und als „barmherziger El" (V. 31) bezeichnet. Ferner klärt ein streng logisches Beweisverfahren, wie es um die anderen Götter und Jahwes Handeln in der Geschichte steht. In ihm erreichen die Verse 32—39 wie kaum ein anderer Text des Deuteronomiums bereits die Schwelle zur monotheistischen Denkweise.

7. Asylstädte im Ostjordanland (4,41—43)

Die in der dritten Person abgefaßte Erzählung über die Aussonderung von Zufluchtsstädten für unvorsätzliche Totschläger durch Mose fällt aus der Stilform der Rede heraus und ist mit dem näheren Zusammenhang nur äußerst locker verbunden. Die Verse stammen daher von einem späteren Bearbeiter, der Num 35,9—15 und Jos 20 kannte. Er empfand es wahrscheinlich als problematische Lücke im Bericht, daß Mose nach der Eroberung des Ostjordanlandes dort nicht noch selbst

Asylstädte eingerichtet haben sollte und beseitigte diese Schwierigkeit durch den vorliegenden Einschub. Zum Asylwesen siehe 19,1—13.

Zweite Moserede: Verkündigung des Gesetzes (4,44 — 28,68)

8. Ort und Zeit (4,44 — 5,1a)

Die Überschrift in *Vers 45* deutet mit Hilfe der „Satzungen" und der mit diesen identischen „Gesetze und Rechtsnormen" den Umfang der zweiten Moserede (Kap. 5—28) an (siehe dazu die Einleitung). Die zweite, jüngere Überschrift in *Vers 44.46* schließt mit der Wendung „als sie aus Ägypten zogen" eng an Vers 45 an. Späteres geschichtlicherdkundliches Interesse ergänzte sie durch die Verse 47—49 (vgl. 4,49 mit 3,17); bei „Sion" (V. 48) handelt es sich wahrscheinlich um eine Dialektform von Sirjon (= Hermon).

9. Gesetzgebung am Horeb: Die Zehn Gebote (5,1b—22) und die Einsetzung des Mose als Gesetzesmittler (5,23—33)

Nach der dem Deuteronomium vorliegenden alten Tradition dürfte das Volk nur die gewaltigen Begleiterscheinungen von Jahwes Kommen erlebt *(V. 23.25)*, die formulierten „zehn Worte" aber erst durch die Vermittlung des Mose erhalten haben (vgl. Ex 19,9). Dagegen verkündet nach dem Deuteronomium Jahwe direkt *(V. 4)* dem Volk die zehn Gebote *(V. 6—21)*, und zwar nur sie allein *(V. 22)*. Dabei konnte, was ursprünglich nur als unartikulierter Donner vernommen wurde, nun als Stimme — der hebräische Text verwendet für beide Bedeutungen dasselbe Wort — des aus dem Feuer redenden Gottes verstanden werden *(V. 24.26)*. In diesem Geschehen dürfte Mose erst später als Vermittler zwischengeschaltet worden sein *(V. 5;* widerspricht V. 4 und 22—31). Durch die Veröffentlichung der zehn Gebote aus göttlichem Mund erhielten diese eine besondere Würde. Doch sind Mensch und Gott, Fleisch und lebendiger Gott zu ungleich, als daß Israel die Mitteilung Jahwes (weiter) aushalten konnte *(V. 24—26)*. Die Vertreter des Volkes baten daher Mose, sich allein als

Mittler der göttlichen Willensoffenbarung dem Gipfelgespräch zu stellen *(V. 27)*. Jahwe akzeptierte dies, und so wurde die neue Ordnung mosaischer Mittlerschaft als bindende eingerichtet (*V. 28—31;* vgl. 18,16—18). Der Aufstieg des Mose auf den Horeb diente somit nicht in erster Linie der Entgegennahme der zwei Tafeln, der zweifach ausgeführten Vertragsurkunde. Obwohl sie erst jetzt überreicht wurden (vgl. Ex 20,18—21; 31,8), ist in *V. 22* die zeitliche Ordnung aufgegeben, um alle für den „Horebbund" bedeutsamen Tatbestände gemeinsam anführen zu können. Was Mose auf den Berg aber vor allem empfangen sollte, ist die Mitteilung des „ganzen Gebotes", der Gesetze und Rechtsnormen, das heißt des Deuteronomiums, das dadurch als Wiedergabe göttlichen Willens erscheint *(V. 31)*. Trotz dieser zusätzlichen Gesetzesverkündigung, die die zehn Gebote letztlich nur — geschichtlich gesehen: für andere politische, gesellschaftliche und wirtschaftliche Verhältnisse — anwenden, deuten und begründen will, sind diese als Dokument, ja Inbegriff des „Horebbundes" weiterhin gültig. Denn in der kultischen Vergegenwärtigung der Geschichte wird das jetzt lebende Gottesvolk in solidarischer Gesamtheit zusammengefaßt mit dem einst am Horeb versammelten Israel, wird dadurch direkt angesprochener Adressat der dort auferlegten „Bundesverpflichtungen", nämlich der zehn Gebote *(V. 2—3;* aus dieser Sicht besteht auch zwischen 5,3 und 2,14 kein eigentlicher Widerspruch). Das mahnende Schlußstück 5,32 — 6,3 leitet von der vergangenen Gesetzgebung Jahwes am Horeb *(V. 32—33)* über zur gegenwärtigen Gesetzesverkündigung des Deuteronomiums durch Mose (6,1—3; dabei bilden die V. 2—3 eine spätere Erweiterung, die die Motive von 5,27—29 nochmals anklingen lassen).

Nach den Versen, die eine Vollmacht mittlerischer Verkündigung des Gotteswillens durch Mose und später durch die Autoren des Deuteronomiums (siehe zu 18,15—18) begründen sollen, wenden wir uns nun den zitierten zehn Geboten selbst zu. Sie bilden eine einfache *Zusammenfassung* all dessen, was in Israel als fundamentale Forderung des Jahweglaubens und der Rechtsordnung galt. In möglichster Kürze und Klarheit wollen sie für alle Bereiche menschlichen Lebens, den religiösen ebenso wie den familiären und öffentlich-sozialen bzw. politischen, eine situations- und geschichtsunabhängige, praktikable Weisung geben. Freilich nennen sie nur sachliche Maßstäbe dafür, in welcher Richtung im konkreten Leben dann das gerechte Verhalten Gott und den Menschen gegenüber zu suchen ist. Nach Gesichtspunkten verantwortlicher realistischer Vernunft, aber bestimmt vom Glaubenswissen um Jahwe als einem Gott, der ausschließliche Verehrung und umfassende Gerechtigkeit verlangt, wählten Menschen bestimmte überlieferte Forderungen der Gerechtigkeit aus, die dann im Rahmen der zehn Gebote zugleich als Forderung Jahwes zu gelten hatten. Man mußte sie sogar Jahwe in den Mund legen, wollte man seinen Willen für den Alltag verbindlich machen. In der Überzeugung von Jahwe als Gott der Sittlichkeit wurde somit *ein der Überlieferung entnommenes, verbessertes und erweitertes Ethos nun als Gottesrecht* in das neue Gottesverhältnis aufgenommen.

Die einzelnen, „apodiktischen" Sätze bzw. Gebotsreihen („apodiktisch" ist die Form: „Du sollst — du sollst nicht"), nicht jedoch die verschiedenen damit verbundenen Deutungen, entstammen nämlich der (teilweise noch vorjahwistischen) *alten Sippenordnung.* Sie wurden als Lebensregeln vom Vater an den Sohn weitergegeben. Hinter ihnen stand also eine patriarchalische, nicht aber eine staatliche oder priesterliche Institution als Autorität. Durch die Autorität Jahwes und seinen Ausschließlichkeitsanspruch seinem Volk gegenüber, der als Leitgedanke an ihre Spitze gestellt wurde, gewannen sie für den Jahwegläubigen einen neuen Rang. Erst später wurden die zehn Gebote dann *als Gottesrede in ihren gegenwärtigen Zusammenhang,* nämlich die Sinaierscheinung (Ex 19,19 und 20,18—21) eingeschaltet.

Die „Zehn Worte" liegen uns heute in *zweifacher Form* vor. Entscheidend ist, daß die meisten Unterschiede zwischen den in Ex 20,2 bis 17 und Dtn 5,6—21 bezeugten zehn Geboten *weithin einem einzigen, nach Absicht und Zeit bestimmbaren Eingriff zugeordnet* werden können. Denn in 5,12—15 wurde das Sabbatgebot gegenüber Ex 20,8—11 bewußt als neue Ganzheit gestaltet. Stichwortartige Rück- und Vorverbindungen zum Anfang („Herausführung" aus Ägypten in V. 6 und V. 15) und Ende der zehn Gebote („dein Rind und dein Esel" in V. 14 und V. 21) markieren es als Mitte des Textes. Die Verbindung der letzten fünf, auf die fundamentalen Güter des Gemeinschaftslebens bezogenen Verbote zu einer einzigen ethischen Reihe ließen aus dem kopflastigen Text von Ex 20 eine neue zentralbetonte Zusammenstellung von fünf Aussageblöcken entstehen: alleinige

Jahweverehrung (V. 6—10) — kein Mißbrauch des Jahwenamens (V. 11) — Sabbatgebot (V. 12—15) — Elternehrung (V. 16) — sittliches Verhalten (V. 17—24). Durch diese neue stilistische Gewichtsverteilung erhielt das *Sabbatgebot* die theologische Bedeutung des durch Umfang und Stellung betonten „ersten Gebotes"; es wurde *zum Hauptgebot*. Die Rückverweisformel „wie Jahwe, dein Gott befohlen hat" (V. 12.16) widerspricht der Erzählung, in die die zehn Gebote als Zitat eingebettet sind. Sie zeigt aber, daß sich dieser „Sabbatdekalog" (Dekalog = zehn Gebote) bewußt als spätere Form des ursprünglichen Dekalogs versteht, der trotz der vorgenommenen Änderungen im Grund nur das anbefiehlt, was auch in der älteren Fassung steht. Diese beiden Zusicherungen finden sich im Sabbat- und im Elterngebot, da in ihnen die stärksten Eingriffe vorgenommen wurden. Auf diese Weise sollte eine Hilfe zur religiösen Bewältigung der Exilsituation geleistet werden. Der Sabbat wird sonst im Deuteronomium überhaupt nicht erwähnt; die Verheißung des Elterngebots aber löst die Segensverheißung eines langen Lebens von der Bindung an das gelobte Land und spiegelt so die Lage der Verbannten wider.

Im übrigen besitzen wir *kein exaktes außerbiblisches Gegenstück zu den zehn Geboten*. Gegenüber den zum Vergleich herangezogenen Unschuldsbeteuerungen des ägyptischen Totenbuchs verpflichtet Jahwe den Menschen schon im Diesseits durch sein Gewissen auf die sittlichen Forderungen. Die ähnlich lautenden Frageformeln assyrischer Beschwörungen aber versuchen die Gottheit magisch zu beherrschen.

Die einleitende *Selbstvorstellungsformel* Jahwes, die ihr Gegenstück in ähnlichen Eröffnungen altorientalischer Gesetzessammlungen (z. B. Codex Hammurapi) hat, verweist auf die Erlösung Israels aus der ägyptischen Knechtschaft als jenes Heilsereignis, das die gnadenvolle Vorgabe für das Gesetz der Freiheit bildet *(V. 6)*. Gerade darin zeigt sich ein wesentlicher theologischer und psychologisch begründender Zug alttestamentlicher Sittlichkeit: die zehn Gebote zielen nicht herrscherlich auf ein Gehorchenmüssen, sondern ein *dankbares Gehorchenkönnen* gegenüber dem Geber des Heilsgutes des Landes. Die Errettung aus der ägyptischen Sklaverei bindet zugleich das ganze Volk, an das sich der Dekalog ja vor aller Verpflichtung von Einzelpersonen wendet, ausschließlich an Jahwe, der durch die Herausführung einziger Gott seines Volkes geworden ist. Dieser radikale *Ausschließlichkeitsanspruch* des Jahweglaubens *(V. 7)* ist in der Religionsgeschichte ohne Vergleich. Das formgeschichtlich als „zweites“ Gebot davon abzuhebende *Bilderverbot* (V. *8a*; zu seiner Erklärung siehe bei 4,15 bis 18) wurde durch eine spätere Deutung *(V. 8a—9a)* auf das „erste“ Gebot und damit auf die Verehrung anderer Götter zurückbezogen. Die katholische und evangelisch-lutherische Kirche zählen daher beide Bestimmungen als ein einziges Gebot, die orthodoxe und kalvinische Kirche dagegen als zwei. Die Zehnerzahl wird dann durch die Teilung des zehnten bzw. durch die Zusammenziehung des neunten und zehnten Gebotes erreicht. In den *Sanktionen der Grundsatzbestimmung* des ersten Gebotes entspricht Jahwes Vorgehen bei der Untreue des Menschen genau seinem Verhalten bei der Treue des Menschen: wird die Schuld bis zur dritten und vierten Generation, das heißt bei allen, die in einer Großfamilie zusammenleben, verfolgt, so gewährt Jahwe denen, die seine Gebote halten, seinen Segen, selbst wenn ihre Familie tausend Menschen umfassen sollte (*V. 9b—10*; vgl. Ex 34,7; siehe aber auch bei 7,10). Gott ist groß in der Bestrafung wie er groß ist in der Belohnung. Das zweite Gebot *(V. 11)* will den feierlich geoffenbarten (Ex 3,14) *Jahwenamen,* durch den Israel mit seinem Gott in Kontakt treten kann, vor Mißbrauch, vielleicht vor magisch-zauberischen Praktiken schützen. Das hebräische Wort „Sabbat“ bedeutet *Arbeitsruhe.* Sie soll durch das dritte Gebot gewährleistet werden (V. 12—15; vgl. Ex 23,12; 34,21). Nach sechs Werktagen — doch liegt hier kein Arbeitsgebot vor! — soll der siebte „geheiligt“, das heißt für Gott ausgespart und geöffnet werden *(V. 13).* Revolutionierend für die damalige Gesellschaftsordnung ist dabei, daß selbst der auf der letzten Stufe stehende Sklave in die Arbeitsruhe einbezogen wird *(V. 14).* Deshalb setzt auch hier die eindringliche Begründung an: die Herausführung als Sklavenbefreiung Israels *(V. 15;* vgl. 15,15; 16,12; 24,18.22). In der Parallele Ex 20,11 wird der Sabbat mit der Ruhe Gottes am siebten Tag nach der Schöpfung erklärt. Nach dem deuteronomischen Text ermöglicht die aus der Macht Gottes stammende Freiheit auch regelmäßig wiederkehrende Freiheit vom Zwang der Arbeit und setzt sein erbarmungsvolles Erlösungswerk gerade an den Ärmsten fort, den Fremden, das heißt zum Beispiel den politischen Flüchtlingen und Gastarbeitern, und den

Sklaven. Das Elterngebot *(V. 16)* muß vom Sozialverband der patriarchalischen Großfamilie her verstanden werden. Es schützt die *Autorität der* (alternden) *Eltern* gegenüber den in der Siedlungsgemeinschaft wohnenden erwachsenen Söhnen und deren Familien (vgl. damit Ex 21,17; Lev 20,9; ferner Dtn 21,18—21). Das Verbot des *„Mordens" (V. 17)* — sinngemäß übertragen: „du sollst nicht (durch Gewalttat) Blutschuld auf dich bringen" — bezieht sich nach dem hebräischen Wortverständnis nicht auf das Töten im Krieg oder in der Justiz, sondern meint ein gemeinschaftswidriges Töten und schließt auch die fahrlässige Tötung mit ein. Das *Ehebruchverbot (V. 18)* entstammt ursprünglich einer Eheauffassung, die weder als monogam im heutigen Sinn — Verkehr mit den Haussklavinnen ist erlaubt — noch als polygam bezeichnet werden kann. Es schützt die bestehende Familie. Das *Diebstahlverbot (V. 19)* richtete sich ursprünglich gegen den Raub eines freien Menschen, der dann als Sklave verkauft wurde (vgl. 24,7; Ex 21,16). Da nach altem israelitischen Rechtsbrauch im Prozeßverfahren der Angeklagte seine Unschuld beweisen mußte, nicht aber das Gericht dessen Schuld, kam dem *Verbot des falschen Zeugnisses (V. 20)* große Bedeutung zu (vgl. 19,15—21). Gegenüber der Parallele Ex 20,17 *hebt* Dtn 5,21 die *Frau aus dem Hausbesitz heraus.* Dies entspricht einer juristisch genaueren Unterscheidung. Denn in *V. 21* liegt — wie Paralleltexte aus der nordsyrischen Hafenstadt Ugarit aus dem zweiten Jahrtausend vor Christus beweisen — ein Listentyp vor, der bei Besitzveräußerung verwendet wurde. Ihr Objekt aber konnte niemals die Ehefrau sein, obwohl sie zum Eigentum des Mannes gehörte.

Die *unvergleichliche Bedeutung* der zehn Gebote im Deuteronomium wird — abgesehen von den vier verschiedenen dafür gebrauchten Begriffen — auch dadurch deutlich, daß ihr Anfang oder andere Teile in 4,15—20; 6,10—15; 7,8—11 *umschreibend kommentiert* werden, in 8,7—20 sogar eine Umschreibung der Dekalogsauslegung 6,10—15 vorliegt, ferner eine Reihe von Einzelgesetzen (13,2—6. 7—12.13 bis 19; 17,2—7; 19,11—13.16—19; 21,1—9.18—21; 22,13—21.22.23 bis 27; 24,7) „kasuistische" Ausführungen seiner Gebote darstellen („kasuistisch" ist die Form: „Wenn X dies oder jenes tut, dann ..."). Letztlich sind sogar die Worte der Propheten nach 18,16—18 nur eine Auslegung des Dekalogs.

10. Grundforderung Gottes: Liebe und Furcht (6,1—25)

Das *erste Gebot* des Dekalogs bildet das *„Rückgrat" dieses Textes:* Vers 5 („Liebe") und Vers 17 („achtet auf die Gebote"), spielen auf 5,10 an; Vers 12 zitiert 5,6; Vers 14 spielt auf 5,7 an; Vers 15 zitiert 5,9b. Dabei wurde das Wort „Liebe" als die entscheidende Grundforderung programmatisch an den Anfang des ganzen Gesetzes gerückt, das Mose „heute" verkündet. Wie verschiedene Formulierungen beweisen, dürfte neben der Dekalogtradition noch eine in 10,12 — 11,17 vorliegende *„gottesdienstliche" Tradition* in den Text eingeflossen sein (vgl. zum Beispiel V. 13 mit 10,20; V. 15 mit 11,17).

Der Aufbau der Verse 10—25 lehnt sich an eine alte Form kultischen Gesetzesvortrages an, die „Gebotsumrahmung". Sie gründet auf zwei Bedingungssatzgefügen (V. 10—15; V. 20—25), die aus den geschichtlichen Vorleistungen Jahwes seine „Bundesbedingungen" ableiten.

Vers 4 bildete wahrscheinlich den Eröffnungssatz einer früheren Ausgabe des deuteronomischen Gesetzes, vermutlich jener Fassung, die 621 vor Christus bei der Vertragszeremonie des Joschija benutzt wurde (vgl. die Anklänge von 2 Kön 23,3 an Stellen in Dtn 6). Das Bekenntnis dient wohl nicht der Abwehr einer Auflösung Jahwes in viele ortsgebundene „Einzeljahwes", parallel etwa zur Vielfalt der Baalsgestalten, den Göttern der Fruchtbarkeit. Der Zusammenhang würde sonst auch bei den Texten der Kultzentralisation (siehe bei Kap. 12) angezeigt werden. Es darf aber auch nicht im Sinn eines theoretischen Monotheismus gedeutet werden, also des Glaubens, daß es nur einen einzigen Gott gibt (siehe dagegen z. B. 4,19). In ihrem eindeutig polytheistische Vorstellungen voraussetzenden Rahmen meint die Einzigkeitsaussage des Verses 4: aus allen Göttern ist nur Jahwe der eine und einzige Gott, der für Israel in Frage kommt (vgl. 32,12; zum späteren monotheistischen Verständnis von 6,4 siehe Sach 14,9). Was diese *Alleinverehrung Jahwes* bedeutet, zeigt ihre Verbindung mit dem Motiv der „Liebe" *(V. 5).* Dieses *Hauptgebot der „Liebe"* des einen Jahwe meint, wie altorientalische Vertragsforderungen des Großkönigs gegenüber seinen Vasallen beweisen, ein juristisch anbefehlbares, ausschließliches Treueverhältnis, eine Ganzhingabe im Gehorsam, die zugleich Dankbarkeit und Vertrauen umschließt und emotional mit einer persönlichen, intimen Erfahrungssphäre verbunden werden soll. Liebe bildet also kein gegensätzliches Gefühl zur Furcht Gottes, mit der sie zum Beispiel 10,12 gleichbedeutend angeführt wird. Sie soll ausschließlich, intensiv und im Leben des Alltags mit der Dynamik aller Fähigkeiten des Gemütes, Willens und Verstandes („mit ganzem Herzen") zum Dienst Jahwes und der Erfüllung seiner Gesetze führen. Damit wird sie zugleich die Abkehr von jeglicher Fremdgötterverehrung bewirken. Jesus hat das Liebesgebot zum „ersten Gebot" des Christentums erhoben (Mk 12,29—30; zur Verbindung von Liebe und Gebot siehe Joh 14,21; 15,10).

Die *Verse 6—9* (vgl. 11,18—20), die an eine Aufforderung eines Weisheitslehrers zum Lernen erinnern (vgl. Spr 1,9; 3,3; 4,4.21; 6,21; 7,3), hämmern die Untrennbarkeit von Glaubensbekenntnis und seiner Verwirklichung im praktischen Lebensvollzug ein. „Diese Worte", das heißt das deuteronomische Gesetz, entfalten nur die eine Grundforderung. Sie sollten auf dem Herzen wie auf Tafeln geschrieben (vgl. Jer. 31,33) und dem Israeliten in jeder Situation gegenwärtig sein (30,11—14). Die Anordnungen der Verse 8—9 zielen auf solch umfassende Lebensprägung. Daß sie nur bildlich zu verstehen sind, ergibt sich unter anderem aus einer parallelen Wendung in einem Brief des Königs von Tyrus an den Pharao: „Auf meiner Brust und auf meinem Rücken trage ich das Wort des Königs, meines Herrn". Spätere jüdische Frömmigkeit hat die Ermahnungen freilich wörtlich befolgt. So schrieb man 6,4—9; 11,13—21; Ex 13,1—10 und 13,11 bis 16 auf Pergamentstreifen. Diese wurden dann in einer Kapsel verwahrt. Während des „Schma" (= „höre") — nach dem Anfangswort des bis heute geübten Bekenntnisses, das vor allem 6,4—9; 11,13 bis 21; Num 15,37—41 enthält — band man sie sich mit Riemen auf Stirn und linken Oberarm, also dem Herzen gegenüber (zu diesen „Phylakterien" siehe Mt 23,5). Auch in die Türpfosten legte man ein „Mesusa" genanntes Röllchen mit denselben Textabschnitten.

Noch vor aller Gebotserfüllung versetzt Jahwe sein Volk durch einen streng juristischen Akt der Besitzgabe — zu dem es Parallelen in ugaritischen Texten gibt — in das nahezu paradiesische Land, einen Ort der Segensfülle *(V. 10—11;* vgl. Jos 24,13). Zugleich wird Israel auch an die Erlösung aus Ägypten erinnert. Ihre Darstellung in juristischen Kategorien der Sklavenbefreiung („Herausführung") charakterisiert Jahwe als Spender des Heiles und als den Herrn des von ihm erworbenen Volkes *(V. 12).* Obwohl seine Forderungen somit berechtigte Ansprüche darstellen, bleiben sie doch zugleich Sache freier Entscheidung Israels. Die Gottesfurcht *(V. 13),* ursprünglich wohl eine Reaktion auf die Erfahrung des Heiligen (vgl. 5,29), meint vor dem Hintergrund der altorientalischen Vasallenverträge ein grundsätzliches Treueverhältnis. Sie äußert sich in der ausschließlichen Jahweverehrung. Auf diese verweisen auch das kultische „Dienen" und das vor der Zulassung zum Gottesdienst verlangte „Beschwören" des Jahweglaubens (vgl. Hos 4,15b; Jer 4,1—2; Jos 23,7). Bezog sich „nachfolgen" ursprünglich auf militärisches und politisches Verhalten, so wurde es schon früh für die Gefolgschaftstreue gegenüber den Göttern gebraucht *(V. 14).* Mit Nachdruck wird der Unterschied zwischen den Göttern in der Nachbarschaft (!) Israels und Jahwe, dem eifersüchtigen Gott in seiner Mitte(!), hervorgehoben *(V. 15).* Wollte man von Gott nach seinem Heilshandeln an Israel wie von einem Ebenbürtigen einen neuerlichen Beweis für seine Wirksamkeit an Israel verlangen, käme dies praktischem Unglauben gleich *(V. 16).* So hatte Israel nämlich einst trotz des erlebten Schilfmeerwunders bei Massa (= „Versuchung") und Meriba (= „Hader") gemurrt und gefragt: „Ist der Herr in unserer Mitte oder nicht?" (Ex 17,7; Ps 95,8 bis 9). Gottesfurcht bedeutet vielmehr ein fragloses Sich-Ausliefern, ein Leben aus Vertrauen und Gehorsam. Mag Israel auch bereits im Verheißungsland, dem Raum göttlicher Gnade, siedeln, im kultischen „heute" mit seiner Aufhebung von Zeit und Raum steht es erst wieder an seiner Schwelle. Es muß das Land daher noch als Lohn für die Befolgung der göttlichen Gesetze erlangen, hat es also nicht unabhängig von seinem sittlichen Verhalten für immer sicher im Griff. In dieser Sicht spiegelt sich das letztlich unbegreifliche Verhältnis von *Gnade und Verdienst,* göttlichem Wirken und menschlicher Freiheit *(V. 17—19).*

Bei den *Versen 20—25* handelt es sich wahrscheinlich um eine *Katecheteninstruktion* (vgl. Ex 13,14). Vielleicht steht aber auch die in Vasallenverträgen bezeugte Verpflichtung im Hintergrund, die Nachkommen in den Vertragsbedingungen zu unterweisen. Auf die Frage der jüngeren gibt die ältere Generation eine Musterantwort, die zugleich ein geschichtliches Credo (siehe bei 26,5—9) darstellt. Ähnliche Formeln werden noch heute beim jüdischen Paschamahl verwendet. Danach ist Israel Augenzeuge eines wiederum juristisch dargestellten Sachverhaltes, nämlich Jahwes machtvoller „Herausführung", das heißt Befreiung seines Volkes aus der Sklaverei des Pharao, und der „Hineinführung" — sonst ein Terminus für die Versklavung — in das Land, womit die Väterverheißungen erfüllt werden. Dadurch hat Jahwe das Recht auf den absoluten Gehorsam seines Volkes erworben. Seine Gesetze, deren Erfüllung somit die „Gerechtigkeit" Israels ausmacht, unterjochen dieses jedoch nicht, sind nicht eine unerträgliche Last, sondern gereichen ihm zum Besten, zum Leben.

11. Israel und die fremden Völker (7,1—26)

Die zahlreichen Parallelen, die die Verse 1—5.13—24 mit Ex 23, 20—33 und 34,11—16 verbinden, dürften auf eine den drei Texten gemeinsame Grundlage zurückgehen, die in Kapitel 7 kommentiert und in den Versen 17—24 zu einer Heiligen-Kriegs-Ansprache ausgeweitet wurde. Die Verse 8—11 aber erläutern wiederum das erste der zehn Gebote. Der Text ist in Mahnung (V. 1—6) — Segen (V. 7—15) — Mahnungen (V. 16.17—24.25—26 gegliedert.

Da Jahwe Israel den Sieg über die Bewohner Kanaans gibt *(V. 1)*, darf es mit diesen Völkerschaften *weder durch ein Bündnis* (Ex 23,32; 34,12.15) *noch durch Heirat* (Ex 34,16) *in engere Gemeinschaft* treten *(V. 2—3)*. Im Hintergrund steht die absolute Zurückweisung anderer Götter als Grundforderung des „Gottesbundes". Bei Bündnissen müßte Israel ja die Götter der Vertragspartner neben Jahwe als Schützer der Vereinbarungen anerkennen. Beim Verbot der Mischehe aber weist die Begründung ausdrücklich auf die Möglichkeit einer Verführung zum Abfall von Jahwe hin (*V. 4*; vgl. Kap. 13, aber auch 21,10—14). *Das Gebot des Bannes* (V. 2a), einer Art Weiheopfer der gefangenen Feinde und der Beute an den eigentlichen Sieger, nämlich Jahwe, bildet im Deuteronomium bloß eine theoretische, theologische Forderung (siehe dazu oben den Exkurs „Jahwekrieg und Vernichtungsweihe"). Hätte Israel diese Vernichtungsweihe tatsächlich verwirklicht, wären die Bestimmungen der Verse 3—4 unnötig. Wie auch die Ermahnung zur *Zerstörung aller kanaanäischen Kulteinrichtungen (V. 5;* so schon Ex 23,24; 34,13; beachte des Königs Joschija Reformaktionen 2 Kön 23,4—14) beweist, geht es letztlich darum, alles zu beseitigen, was Israel der alleinigen Verfügungsgewalt Jahwes entziehen könnte (siehe auch 16,21—22). Denn es ist ein Jahwe *„heiliges"*, das heißt ausgesondertes *Volk (V. 6;* vgl. Ex 19,5—6).

Diese *Erwählung als theologische Grundgegebenheit der Existenz Israels* ist ein Geheimnis paradoxer göttlicher Liebe und ungeschuldeter Huld, die im Eid an die Patriarchen und im Exodus erfahren wurde. Im übrigen bildet die Verwendung der Erwählungsvorstellung zur Bestimmung des Verhältnisses von Jahwe und Israel eine der grundlegendsten Neuerungen der deuteronomischen Theologie. Zwar war die Vorstellung von der Erwählung schon zuvor mit dem davidischen Königtum (zur Erwählung Davids siehe 1 Sam 16,8—13; allgemein im Königsgesetz Dtn 17,14—20), aber auch mit dem Jerusalemer Tempel (z. B. 12,5.11.14) verbunden. Trotz der legitimen Stellung beider Institutionen im religiösen Leben Israels waren sie nur Konsequenzen, nicht aber Garanten der Erwählung. Diese gründet allein in Gottes freier Zuwendung zu den Vätern *(V. 7—8).* In ihr wurzelt auch die Hoffnung der Exulanten. Dies zeigt ein Vergleich der *Verse 9—10* mit 5,9b—10. Die radikalen und vertragsmäßigen Entsprechungen im Fluch- und Segenshandeln Gottes, mit denen die Forderungen des ersten Dekaloggebotes sanktioniert werden, erscheinen hier nicht mehr parallelisiert. Die Strafe erfolgt sofort und trifft die sündige Generation. Jahwes Treue aber währt für tausend Generationen, und das heißt für immer. Sobald also Israel Jahwe wieder zu lieben beginnt, wird dieser es wieder segnen. Diese Treue Gottes erwächst nicht aus dem Vertragsverhältnis, als dessen Ausdruck 5, 9b—10 verstanden wurde, sondern aus Jahwes Schwur gegenüber den Vätern. Er hat die vielen Geschlechter zwischen den Patriarchen und der Befreiung aus Ägypten überdauert. Er kann daher auch jetzt noch wirksam werden, sobald sich eine Generation wieder Jahwes Geboten zuwendet. „Bund" bezeichnet hier nicht wie an anderen Stellen des Deuteronomiums die zehn Gebote oder eine Verpflichtungszeremonie im Vertragszusammenhang, sondern einen *Verheißungseid Gottes,* womit nach den *Versen 13—15* alle Segenszusagen an die Väter gemeint sind.

Das Gebot in *Vers 16* nimmt die wesentliche Motive der Verse 1—6 wieder auf und schlägt durch die Situation der Landeroberung die Brücke zu der folgenden *Kriegsrede.* Aller Mutlosigkeit, die Israel angesichts feindlicher Übermacht überfallen könnte, wird die Erinnerung an die früheren Machterweise Jahwes in Ägypten entgegengehalten. Zur Furcht besteht kein Grund, denn Jahwe ist in der Mitte seines Volkes (vgl. 20,1—4). Er wird jeden Widerstand der Gegner durch einen Gottesschrecken, eine lähmende Verwirrung brechen. Doch schafft er seinem Volk bedachtsam Raum — womit der langandauernde Kampf begründet wird (anders Ri 2,20—23; 3,1—4). Die Gebote der *Verse 25—26* (vgl. 27,15; siehe ferner Jos 7) präzisieren das Gebot in Vers 5. Ausgrabungsfunde vermitteln uns eine Vorstellung von hölzernen und daher brennbaren Götterstatuen mit Gold- und Silberbelag.

12. Israel als „Wohlstandsgesellschaft" (8,1—20)

Israel soll auch zu vorgerückter Stunde seiner Geschichte noch aus der Zeit des Ursprungs leben. An ihr wird ihm seine gegenwärtige Situation klargemacht. Und der Gotteswille kann nicht besser formuliert werden als nach Art einer Umschreibung der alten zehn Gebote. Der Text zeigt wiederum die Lebendigkeit und Anpassungsfähigkeit altisraelitischer gottesdienstlicher Verkündigung an neue Verhältnisse und zugleich ihren konservativen Grundzug. Er *kommentiert den Dekalogkommentar* 6,10—14 (vgl. 8,7 mit 6,10; 8,10 mit 6,11; 8,11 mit 6,12; 8,14b mit 6,12; 8,19 mit 6,14). Über der *Gliederung* —

1. Gedächtnis der Wüstenwanderung Israels (V. 2,6);
2. Hauptgebotsverkündigung mit Unheilsdrohung (V. 7—20) —

liegt eine Motivfolge, die durch Stichwortwiederholungen unterstrichen wird:

A Ermahnung (V. 1)
B Wüste (V. 2—4)
C Kulturland (V. 7b—9)
D Ermahnung (V. 11)
C' Kulturland (V. 12—13)
B' Wüste (V. 14b—16)
A' Fluch (V. 19—20).

Nach einer einleitenden Aufforderung zum Gebotsgehorsam *(V. 1)* werden die *Verse 2—6* wie eine Gerichtsrede nach dem Schema der Beweisführung („erinnere dich — erkenne — beobachte"; siehe dazu bei 4,32—40) aufgebaut. Die Vergangenheit der Wüstenwanderung, die Länge („vierzig Jahre") und Mühseligkeit („Hunger") des ganzen Weges, aber auch das Wunderbare (Manna — siehe Ex 16; Erhaltung von Kleidung und Schuhen) dieser Urzeit des Volkes werden durch markante Hinweise ins Gedächtnis gerufen. Die Verse 15—16 berichten ergänzend noch von ihren Schrecken (Feuerschlangen — siehe Num 21,4—9; Skorpione) und der wunderbaren Wasserspendung aus dem Felsen (siehe Ex 17,1—7). Entscheidend freilich ist die *theologische Deutung der Wüstenerfahrung:* Gott ist der Erzieher seines Volkes. Seine Pädagogik ist gekennzeichnet durch Prüfung und Erprobung. Sie wechselt zwischen Demütigung, etwa durch Hunger, und Wohltaten, etwa der wunderbaren Speisung. In diesen „Versuchungen" soll Israel sich bewähren und zu einem rechten Gottesverhältnis heranreifen. Frucht dieser erzieherischen Experimente aber ist auch eine doppelte Einsicht: Gott wird in den Reaktionen seines Volkes dessen Bereitschaft zum Gebotsgehorsam kennenlernen, Israel aber soll sein Angewiesensein auf Gott, die Abhängigkeit von seinem schöpferischen, Wohltaten spendenden Wort erkennen (zu 8,3 siehe Mt 4,4: in der Versuchung Jesu während des vierzigtägigen Wüstenaufenthalts wiederholt sich an ihm die Erziehung durch Jahwe; während jedoch das Volk versagt hat, besteht Jesus die Prüfung). Diese ganze Rückerinnerung dient freilich dazu, Israel deutlich zu machen, daß auch seine gegenwärtige Wohlstandssituation eine Prüfung ist, die es bewältigen muß, indem es *Gott als Spender allen Reichtums nicht vergißt* und seine Gebote beobachtet. Die diskussionslos positive Verheißung in 6,11 „du wirst essen und satt werden" erscheint somit nach dem in den *Versen 7—18* folgenden Kommentar in der Zwiespältigkeit des göttlichen Experiments (vgl. 32,13—15; Hos 13,5—6). Jahwe führt Israel in das „prächtige Land" — fünfmal wird dieses genannt — mit seinem hymnisch geschilderten Reichtum, zu dem auch die erst in der Königszeit ausgebeuteten Bodenschätze des Ostjordanlandes gerechnet werden. Das aus der Wüste kommende Volk wird satt und preist in seinem Gottesdienst Jahwe wegen seiner Landgabe (siehe dazu 26,1 bis 11). Nun beginnt eine neue Phase, die der Kultur. Israel vermehrt —

das Wort wird in Vers 13 dreimal gesetzt — selbst noch sein Vermögen, das schließlich bezeichnenderweise nicht mehr in Naturalien, sondern in Geld besteht. Solch kulturelle und zivilisatorische Aktivität läßt das Selbstbewußtsein anschwellen, Gott tritt in den Hintergrund, die Beobachtung seiner Gebote schwindet. Angesichts der akuten Gefahr satter Selbstüberhebung (V. 14.17) liegt die richtige Reaktion in der Einsicht der Wüstenzeit, nämlich in der Besinnung auf Jahwe als Spender allen „Lebensstandards". Als Hauptgebot wird dieser „Wohlstandsgesellschaft" daher eingeschärft, Jahwes zu „gedenken" (V. 2.18) bzw. ihn „nicht zu vergessen" (V. 11.14.19). Sollte Israel aber das klassische erste Gebot nicht befolgen, wird es wie die vor ihm vertriebenen Völker (Überleitung zu 9,1—7) zugrunde gehen. Denn es hat nicht auf Jahwes Stimme gehört, das heißt nicht geglaubt. Diese *bedingte Fluchandrohung (V. 19—20)* entspricht der Segensverheißung 7,12—16 und beschließt den ersten der beiden Hauptteile der Kapitel 5—11.

13. Kein Rechtsanspruch Israels auf das Land (9,1—7)

Diese Rechtsrede verwendet das *Schema der Beweisführung* (siehe dazu bei 4,32—40) in einer konzentrischen Formbewegung (I zukünftige Geschichte V. 1—2 — II „erkenne" V. 3 — III praktische Folgerung V. 4—5 II — „erkenne" V. 6 — I „gedenke" V. 7). Hält das siebenmal gesetzte Leitwort *„vertreiben"* die Eroberungssituation gegenwärtig, so bezeichnet das Leitwort „Gerechtigkeit" das eigentliche Problem dieser Verse.

Der Alte Orient und auch das Alte Testament verstanden Krieg als Gottesgericht. Sieg oder Niederlage sind Rechtsentscheidungen des Kriegsgottes. Die *Verse 1—3* charakterisieren die *Eroberung Kanaans als heiligen Krieg,* den Jahwe selbst führt. Der schnelle israelitische Vorstoß, der mit Hilfe Jahwes geführt werden konnte, richtete sich vor allem gegen die Enakiter. Sie siedelten rund um Hebron (Num 13, 22), bewohnten aber auch einen größeren Teil des Berglandes (Jos 11,21). Ihr furchteinflößender Hochwuchs (Num 13,33) ist auch in ägyptischen Texten bezeugt. So besteht kein eigentlicher Widerspruch zur nur langsamen Unterwerfung der Landesbewohner nach 7,22, da sich dieser Vers auf die nach dem ersten Ansturm noch übriggebliebenen Völkerschaften bezieht. Der Erfolg könnte zu der Folgerung verleiten, Geschichte sei Gericht und erweise somit den Sieger als unschuldig, den Besiegten aber als schuldig. Diese Logik wird punktweise *(V. 5a* zu *V. 4a, V. 5ba* zu *V. 4b)* aufgerollt. *Israels Gerechtigkeit* wird nicht an seinem Kriegsgegner, sondern an seinem Verhältnis zu Jahwe gemessen. Dann aber erscheinen beide Kriegsparteien als straffällig (siehe dazu Röm 1,18—3,30). Wenn Jahwe trotzdem seinem Volk den Sieg verleiht, dann letztlich deshalb, weil er sich durch einen Eid den Patriarchen gegenüber selbst dazu verpflichtet hat (vgl. 8,17; Gen 15,18). Dieser bleibt trotz des Ungehorsams Israels *(V. 7;* 1,26.43; Num 20,10.24; Ez 20,8.13.21; Ps 78,14.40.56) aufrecht. Die fromme Selbsttäuschung Israels über seine angebliche Rechtschaffenheit wird im übrigen durch die folgende Erzählung über den Bruch des „Horebbundes" und dessen Erneuerung aus göttlichem Erbarmen aufgedeckt (vgl. V. 6a mit 9,13; 9,1—7 als Verstehens-Schlüssel zu 9,8—10,11). Vor der Szenerie der beispiellos vollzogenen Landnahme Israels wird also *jeglicher Stolz auf die eigene Gesetzesbeobachtung leidenschaftlich verworfen* und einem falschen Verständnis von 6,17—19 gewehrt. Im übrigen nimmt der Text die typisch paulinische Thematik von Glaube und Werk, der Gerechtigkeit Gottes und jener des Menschen aufgrund seiner Gesetzeserfüllung vorweg.

14. Bundesbruch und Bundeserneuerung am Horeb (9,8—10,11)

In der ursprünglich unabhängig existierenden Erzählung im Ich-Stil wurden folgende Verse erst *später eingeschoben: 9,22—24* (siehe dazu Ex 17,2—7; Num 11; Dtn 1,19—40) weichen vom unmittelbaren Zusammenhang ab; die Stichwortrückbezüge dieser Verse auf 9,7 deuten auf eine Verklammerung der Erzählung über Bundesbruch und Bundeserneuerung mit der Beweisführung für Israels Widerspenstigkeit. Sekundär ist auch 10,6—7 (siehe dazu Num 33,31—33; 20,22 bis 29), das Bruchstück eines Verzeichnisses der Stationen der Wüstenwanderung, das Aaron und seine rechtmäßigen Nachfolger vielleicht gegenüber den Leviten hervorhebt. Mit den Leviten beschäftigt sich nämlich der in 10,8—9 anschließende Zusatz (anders Ex 32,25—29), der ihre Funktionen und Rechte definiert (siehe dazu auch 17,9.18;

18,1.5; 21,5; 24,8; 27,9; 31,9): sie sind Träger der Lade, versehen den Dienst vor Jahwe (wohl bei der Opferdarbringung und dem Empfang von Gottesentscheiden), haben die Segensbefugnis und erhalten Anteile von kultischen Abgaben. Sie sind nicht in den Abfall Aarons verwickelt. Auf den Autor von 10,8—9 könnte auch der Einschub *9,20* über die Sünde Aarons, des stellvertretenden Volksführers, und die Fürbitte des Mose zurückgehen.

Der übrige Text bildet eine nach juristisch-theologischen Ordnungsprinzipien durchgestaltete Einheit. Die verschiedenen Wiederholungen und das Problem, daß die Ereignisse nicht in zeitlicher Abfolge berichtet werden (vgl. Ex 32), erklären sich von den beherrschenden *Rechtsvorstellungen des „Bundesbruches“* (A) und der *„Bundeserneuerung“* (B) her. Mit „Bund“ ist der Dekalog gemeint.

(1) A *9,8—17:* Überschrift *(V. 8);* Aushändigung der „Bundesurkunde“ (*V. 9—10;* vgl. Ex 31,18); „Bundesbruch“ des Volkes, festgestellt vom verpflichtenden Gott (*V. 12*; zum gegossenen Kalb siehe den Bericht über Jerobeams Abfall in 1 Kön 12,26—30, die Mitursache für den Fall von Samaria in 2 Kön 17,16; vgl. Ex 32,4 mit 1 Kön 12,28); Jahwe plant die Vernichtung Israels und ein neues Vertragsverhältnis mit Mose ohne dieses Volk *(V. 13—14);* Mose gibt der Situation des „Bundesbruches“ durch das Zerbrechen der „Bundestafeln“ rechtsgültigen Ausdruck *(V. 15—17).* B *9,18—19:* Sühne- und Bittgebet des Mose mit vorausgreifender Notiz über ihren Erfolg.

(2) A *9,21:* der notwendige Reinigungsritus mit der Vernichtung des Kalbes. B *9,25:* Fürbitte des Mose.

Bei der folgenden Erneuerung des „Horebbundes“ wird die Abfolge „A—B“ umgedreht.

(3) B *9,26—29:* der von Mose fürbittend vorgetragene Antrag auf „Bundeserneuerung“ (siehe dazu Ex 32,11—13; Num 14,13—39) in der klassischen Bittgebetsform (Anrede — Bitte — Appell, zu gedenken — Motivierung der Erhörung). A *10,1—5*: „Bundeserneuerung“ für das Volk: Gewährung des Antrags des Mose und Vorschriften für die Durchführung der „Bundeserneuerung“ *(V. 1—2);* ihre Zeremonien mit Übergabe der Tafeln und deren Aufbewahrung in der Lade, die dabei nur die Funktion eines Behälters (vgl. 1 Kön 8,9), nicht aber des Thronsitzes Gottes (so beispielsweise Num 10,35—36; 1 Sam 4,4) erfüllt (*V. 3—5*; anders in Ex 32).

(4) B *10,10:* Anspielung auf die Fürbitte des Mose; A *10,11:* Folgen der „Bundeserneuerung" für Mose, der wieder als Anführer Israels bei der Landnahme eingesetzt wird (vgl. Ex 32,34; 33,1).

15. Israels Bundestreue in der Agrarkultur (10,12 — 11,21)

Diese alte Schicht deuteronomischer Ermahnung wird in 10,12 bis 11,12 von einem regelmäßigen Grundrhythmus geprägt, der *sechsmal zwischen Gebotsformulierungen und Begründungen aus der Heilsgeschichte* wechselt. Der zweite Teil enthält *darauf abgestimmte bedingte Segensverheißungen* (11,13—15) *und Fluchandrohungen* (11,16 bis 17). Die Hauptgebotsformulierungen (10,12—13.20; 11,1.8—9; ausgenommen sind 10,16, ein erst später zur Verklammerung mit der jüngeren Erzähleinheit 9,8 — 10,11 eingefügter Vers, 10,19a als Teil eines nachträglichen levitischen Zusatzes) zitieren jeweils eine Auswahl von sieben, nur sprachlich sich unterscheidenden Formulierungen derselben Grundforderung, sich Jahwe allein hinzugeben. Die zwischen sie eingeschobenen Begründungen (10,14—15.21—22; 11,2—7.10 bis 12 — anders in 10,17—18; 10,19b ist Teil des levitischen Zusatzes) führen der Zeitlinie entlang Jahwes klassische Geschichtstaten an Israel an, die es auch in seinem Credo bekannte: Patriarchenerwählung — Aufenthalt in Ägypten — Rettung am Schilfmeer und Wüstenwanderung — Einzug in Kanaan — Wohnen im Land (im Vorblick). In ihnen und im Segen-Fluch-Abschnitt äußert sich das eigentliche Anliegen des Textes. Er versucht, *zwei miteinander rivalisierende Gotteserfahrungen* zu vereinen: das Erlebnis von Jahwes machtvollem Eingreifen in die Geschichte während der Wüstenzeit Israels und die Gotteserfahrung der seßhaften, alten Landesbewohner mit ihrer vom Kreislauf der Natur und der Fruchtbarkeit geprägten Religion. Dabei wird das Geschichtswirken Jahwes stets so charakterisiert, daß er darin zugleich auch als Schöpfergott und Spender der Fruchtbarkeit von Mensch und Acker erscheint. Mögen diese Züge des Jahwebildes auch erst in der neuen Situation des Bauernlebens des nun seßhaft gewordenen Israel und unter dem Einfluß fremder Gottesvorstellungen ins Bewußtsein getreten sein, die religiösen Bedürfnisse nach dem Übergang von der Wüste ins fruchtbare Land benötigen keinen Baal als neuen Gott Israels.

Zu den *Hauptgebotsformulierungen* in *10,12.20* siehe bei 6,4—25. Das „Gehen auf Jahwes Wegen" (V. 12) deutet die für Nomaden so wesentliche Wegvorstellung (siehe dazu 1,30—33; 8,2—6) sittlich-religiös als Halten des ganzen mosaischen Gesetzes. Ihre Begründung finden all diese Forderungen *(V. 12—13)* in dem ihnen immer schon vorauseilenden Handeln Gottes, worin sich wiederum das *Gnadenprinzip* deuteronomischen Gesetzesgehorsams zeigt. Wenn Gott die „Liebe", also die Ganzhingabe seines Volkes verlangt, dann deshalb, weil er, der Herr des Kosmos, sich selbst schon zuerst ohne irgendeinen zwingenden Grund an Israels Väter „gehängt", das heißt gleichsam in sie verliebt hat. In der gleichen Freiheit gründet auch seine Erwählung Israels (siehe dazu bei 7,6—8), ein Nahverhältnis, das bis in die Gegenwart andauert *(V. 14—15)*. Die Konsequenz daraus lautet: *Beschneidung des Herzens* (als Gottes Tat 30,6; vgl. Jer 4,4; Ez 44,7.9). Das bedeutet, daß der Personkern des Menschen, der für Gottes Anruf empfänglich ist, das ganze innere Leben des Denkens, Wollens, Empfindens im Gegensatz zu einer Halsstarrigkeit (9,6.13) in unbedingtem Gehorsam übereignet und eine bewußte Willenshingabe vollzogen werden muß. Die Beschneidung bildete ja einen Weiheakt, der mit der rituellen Handlung die innere Übergabe an Jahwe bezeichnete. Ins Christliche transponiert wäre sie mit der Taufe zu vergleichen, die den Menschen ebenfalls ins Gottesvolk (des Neuen Bundes) eingliedert und die sein Leben prägen soll *(V. 16)*. Die Gottestitel „Gott der Götter" und „Herr der Herren", die auf Vers 14 zurückgreifen, drücken nach semitischem Sprachgebrauch die höchste Steigerungsform der Oberherrschaft Jahwes aus. Sie sind in Ps 136,2—3 mit der Schöpfungsaussage verbunden. In diesen Zusammenhang weist auch die Bezeichnung Jahwes als „großer El", in der Jahwe mit El, dem Schöpfergott und Götterkönig der kanaanäischen Götterwelt, gleichgesetzt wird. Die weiteren Beinamen Jahwes entsprechen dem altorientalischen Königsbild, nach dem sich etwa Hammurapi in Babel auf seiner Gesetzesstele (Stele = behauener Stein, mit oder ohne Beschriftung) als Kriegsheld, unbestechlicher Richter und Helfer der Armen und Rechtlosen beschreibt. Jahwe ist also kosmischer König *(V. 17—18)*. Die Liebe zu dem im Land ansässigen Fremden ist somit Nachahmung Gottes. Zugleich erinnert der Fremde Israel an sein Schicksal in Ägypten und damit auch an die dort empfangene göttliche

Liebestat (Ex 22,29; 23,9) Die deuteronomische *Sozialethik* mit ihrer auffälligen Fürsorge für die Notleidenden (siehe zum Beispiel 24,17 bis 18) kann nur vom Gottesglauben her begriffen werden und ist zugleich auch Zeichen seiner Echtheit und Lebendigkeit *(V. 19)*. Bestätigt die Betitelung Jahwes als „Israels Lobgesang" *(V. 21)* die Beziehung der vorausgehenden Hauptgebotsformulierungen *(V. 20)* zum Kult, so kennzeichnet der Hinweis auf die *wunderbare Vermehrung* und Volkswerdung Israels *(V. 22;* siehe Gen 46,27; Ex 1,5.7; ferner Gen 15,5; 26,4) Jahwe als Spender der Fruchtbarkeit. Die in einen einzigen Satz gepreßte Erzählung 11,2—7 (vgl. dazu Ex 7—16 und Num 16) entfaltet gegenüber anderen Geschichtsüberblicken besonders die Berichte über die Errettung am Schilfmeer und die Datan-Abiram-Episode. Beide Ereignisse offenbaren Jahwe vor allem als Herrn der Meereswasser und der Abgrundtiefen und lassen damit seine *kosmische Macht* erkennen. Mit der Inbesitznahme Kanaans *(V. 10—12)* erfüllt sich die Väterverheißung *(V. 9;* vgl. 6,3). Dabei kann Jahwe nun offen als *Gott der Fruchtbarkeit* charakterisiert werden. Das Schema anderer Landbeschreibungen (6,10—11; 8,7—10) wird verlassen. In einer idealisierenden Übertreibung wird der natürliche *Wasserreichtum* gepriesen. Gegenüber der künstlichen Bewässerung Ägyptens durch Wasserkanäle, in denen das Nilwasser mühsam weitergeleitet wird — ein System, das man in Palästina offenbar nur bei kleinen Gärten anwandte — wird Kanaan durch den Regen und Tau getränkt. In den Verhältnissen dieses ausgesuchten Landes, dem Jahwes ganz persönliche Sorge gilt, spiegelt sich das Nahverhältnis Israels zu seinem Gott. Ob Israel in diesem Raum der Gnade bleibt, hängt einzig von der Beobachtung des Hauptgebots ab. Die anschließende *Segensverheißung (V. 13—15)* entfaltet die Folgen reichen und rechtzeitigen Regens für den Ackerbau. Wird aber der „Bund" gebrochen, so verkehrt sich der Ablauf der Naturvorgänge in eine Ursachenkette von *Fluch* und Verderben *(V. 16—17)*. Die *Verse 18—20* wiederholen mit geringfügiger Modifizierung 6,6—9 (siehe dort) und lassen die Kapitel 9—11 als Gegenstück zu den Kapiteln 5—8 erscheinen.

16. Verheißung der Eroberung des Landes (11,22—25) und Überleitung (11,26—32)

Die *Verse 22—25* klingen an Kapitel 7 an. Sie ergänzen den vorausgehenden, ganz auf Ackerbauverhältnisse ausgerichteten Segens- und Fluchtext (11,13—17) durch Eroberungsverheißungen und eine Umschreibung des Landes.

Die *Verse 26—32* bilden ein Vorwort zum anschließenden Gesetzesvortrag. Seine Motivfolge entspricht den Hauptinhalten der Kapitel 12—28. Dabei wurde jedoch Vers 29 erst eingeschoben, als man das Kapitel 27 in seinen gegenwärtigen Zusammenhang einpaßte. Vers 30 stellt einen nochmals späteren Zusatz mit polemischer Spitze gegen die Samariter dar. Die Aussagen hängen logisch zusammen, da im Vertragsschema Gebote und Segen-Fluch einander zugeordnet sind.

A Motiv „Segen-Fluch" (V. 26—28)
B Verkündung von Segen und Fluch auf dem Garizim und Ebal (V. 29—30)
C Motiv „Beobachtung der jetzt zu verkündenden Gebote" (V. 31—32)
C' Gebote (12,1—26,16)
B' Gebot der Verkündung von Segen und Fluch auf dem Garizim und Ebal (27,1—8.11—26)
A' Segen- und Fluchtext (28,1—68).

Aus der deuteronomischen Gesetzessammlung (12,1 — 26,19)

17. Kultzentralisation (12,2—28)

Diese Neuordnung des Gottesdienstes mit ihren weitreichenden und einschneidenden Folgen bildet die auffallendste Gesetzgebung für das seßhaft gewordene Volk innerhalb der deuteronomischen und anderer alttestamentlicher Gesetzessammlungen. Offenbar konnte nur so die Reinheit des Jahweglaubens garantiert werden. Dabei geht es nicht um Spezialfragen des Kultrituals, sondern um das *Daß und Warum eines einzigen Jahweheiligtums.*

Im Hintergrund stehen verschiedene *Reformen* unter *König Hiskija* (2 Kön 18,4.22) *und König Joschija* (2 Kön 23,4—20). Diese lassen sich nun durch die Ausgrabung eines Jahwe-Heiligtums in Tel Arad in der südlichen Wüste Juda auch archäologisch nachweisen. Nach der Zerstörung der aus der Zeit Hiskijas stammenden Bauschicht wurde nämlich nur mehr der Tempel der Stadt, nicht jedoch der vorher existierende Brandopferaltar aufgebaut. Nach einer abermaligen Zerstörung unter der Regierung des Joschija wurde beim Wiederaufbau auch der Tempel nicht mehr errichtet. Man kann also zwischen einer Abschaffung der Opfer außerhalb Jerusalems unter Hiskija und einer Zerstörung der Heiligtümer selbst unter Joschija unterscheiden. Die deuteronomischen Kultzentralisationsgesetze wären daher in ihrem wesentlichen Bestand Hiskija zuzuschreiben. Sie beziehen sich nur auf bestimmte Feste, Riten und Opfer, verlangen aber nirgends die Vernichtung irgendwelcher Jahweheiligtümer. Wenn sich Joschija bei seinen radikalen Maßnahmen auf deuteronomische Bestimmungen stützte, dann bloß auf solche, die eine vollständige Beseitigung von Kultstätten der vorisraelitischen, kanaanäischen Bevölkerung forderten. Innerhalb von Kapitel 12 deuten Wiederholungen, teilweise einander widerstrebende Gesichtspunkte und eine unterschiedliche Begrifflichkeit auf eine *komplizierte Textgeschichte.* Wahrscheinlich lassen sich drei Schichten unterscheiden — vielleicht ist der literarische Werdegang noch komplizierter gewesen —, die jedoch nach einem gemeinsamen Schema aufgebaut sind: die älteste bilden die Verse 13—19; dann folgen die Verse 8—12, schließlich die Verse 2—7.20 bis 28. Sie stimmen in der Forderung überein, daß die *verschiedenen Opfer nur an einem einzigen Kultort* dargebracht werden dürfen (V. 5.11.14; vgl. dagegen Ex 20,24). Das Opfermahl soll in aller Freude genossen werden (V. 7.12.18). Dabei gilt den Leviten besondere Sorge, da sie über keinen Erbbesitz und Landanteil wie die übrigen Israeliten verfügten (vgl. 14,27—29; 18,6—8).

Gemeinsam ist den Gesetzesformulierungen auch der Hinweis auf die *Wahl des Kultortes durch Jahwe* (V. 5.11.14.21.26). Jahwe ist ja nicht wie die kanaanäischen Götter eine personifizierte Naturmacht, die überall verehrt werden kann. Vielmehr bestimmt er in souveräner

Freiheit selbst die Stätte seiner besonderen Gegenwart und offenbart dadurch seine Jenseitigkeit, sein Anders-Sein.

Am schärfsten ist der *Gegensatz zu kanaanäischer Kultpraxis in den Versen 2—7.* Die Kultzentralisation *(V. 4—7)* erscheint als Entfaltung eines früheren Gesetzes (7,5), das die Zerstörung kanaanäischer Kultstätten und Götterbilder verlangt *(V. 2—3).* Hügel und schattige Bäume, aber auch höher gelegene Stellen im freien Land bzw. innerhalb des Ortes galten seit frühesten Zeiten als passende Plätze für einen Altar oder ein oft ganz einfaches Heiligtum. Diese „Höhen" waren zumeist aus Steinen in Form eines Kegelstumpfes errichtet. Seine zum Himmel stets offene Plattform, zu der Stufen hinaufführten, wurde entweder selbst als Altar benutzt oder trug einen eigenen Altaraufbau. Zu den „Steinmalen" und „heiligen Pfählen" siehe bei 16,21—22. Diese Kultstätten wurden wegen der Opfer und heidnischen Fruchtbarkeitsriten, die zahlreiche Israeliten dort vollzogen, von den Propheten als Szenerie der Untreue des Jahwevolkes oft gegeißelt (Hos 4,13; Jer 2,20; Ez 6,13) und im deuteronomistischen Geschichtswerk negativ vermerkt (z. B. 1 Kön 14,23; 2 Kön 16,4; 17,10). Wie die Formelsprache von Vers 5 verrät (zu „mit seinem Namen versehen" — das heißt in Besitz nehmen — in Verbindung mit Jerusalem siehe 1 Kön 9,3; 11,36; 14,21; 2 Kön 21,4; zu „aus allen deinen Stämmen" verbunden mit Jerusalem siehe 1 Kön 8,16; 11,32; 14,21; 2 Kön 21,7; zur „Wohnung" siehe 1 Kön 6,13; 8,12), stehen hinter der Konzentration des Gottesdienstes auf ein einziges Heiligtum die *Ansprüche des Jerusalemer Tempels.*

In den *Versen 8—12* wird der *Zeitpunkt des Inkrafttretens des neuen Kultgesetzes in einer geschichtlichen Gegenüberstellung begründet.* Israel wird die Heilsgüter des „Erbbesitzes" und der innergeschichtlich verstandenen „Ruhe" (siehe dazu Jos 21,43—45; 2 Sam 7,1.11; 1 Kön 8,56), damit aber ungestörten Genuß aller natürlichen Segensgüter des Landes und neue Geborgenheit in der Gemeinschaft mit Gott erlangen. Dann muß es Jahwe auch anders dienen als in der Wüste, wo es der Erfüllung der göttlichen Verheißungen noch entgegenwanderte. Im Hintergrund der Beschreibung steht vielleicht der „davidische Friedenszustand". Denn das davidische Ideal dürfte auch die Reformen Joschijas inspiriert haben. Wenn die Verse 20—27 (vgl. dagegen V. 15—16) mit einer territorialen Ausweitung rechnen (vgl. 19,8;

zu V. 21 siehe 14,24), könnte dies mit der Eroberungspolitik des Königs in ehemaligen Nordreichgebieten zusammenhängen (2 Kön 23,15.19).

Als praktische Konsequenz aus der Einzigkeit des Opferaltares ergibt sich die *Entsakralisierung gewöhnlicher Schlachtungen,* die bisher an den zahlreichen Heiligtümern vorgenommen worden waren; das heißt: Schlachten ist nun kein religiöser, sakraler Akt mehr. Fleisch darf unabhängig von ritueller Reinheit genossen werden *(V. 15.21—22;* vgl. 15,22—23), nicht jedoch das Blut (V. 16.23—25.27) als Sitz des Lebens (vgl. Gen 9,4; Lev 17). Doch wird dem Ausgießen des Blutes der sakrale Charakter eines Opfers abgesprochen (V. 16.24 „wie Wasser").

18. Der Festkalender (16,1—17)

Das Frühlings-, Wochen- und Laubhüttenfest des alten Kultkalenders (Ex 23,14—17; 34,18—26) wurden durch diesen Text *dem Gesetz der Kultzentralisation (Kap. 12) angepaßt.* Sie werden nach ihrer Abfolge im Jahreslauf aneinander gereiht und an Verpflichtungen angeschlossen, die ebenfalls im Zusammenhang mit heiligen Terminen stehen (14,22 — 15,23: jährliche Abgaben an das Heiligtum, Armenzehent in jedem dritten Jahr, Verzicht auf Forderungen in jedem siebten Jahr, jährliches Opfer der Erstgeburt am einzigen Kultort). Das *Pascha* als Opfermahl (Ex 12) konnte nach der Kultzentralisation nicht mehr im privaten Haushalt gefeiert werden; vergleiche zu dieser Reform das in Jerusalem begangene Pascha der Könige Hiskija (2 Chr 30) und Joschija (2 Kön 23,21—23; 2 Chr 35,17—19). Diese Feier an dem von Jahwe erwählten Heiligtum wiederum bedingte eine Änderung des alten Rituals (12,11). So werden die Türpfosten der einzelnen Wohnhäuser nicht mehr mit Blut bestrichen.

Wegen der veränderten wirtschaftlichen Situation Israels, das schon längst von einem Hirten- zu einem Bauernvolk geworden war, durfte nun jedes Opfertier verwendet werden, nicht nur ein einjähriges, männliches Schaf- oder Ziegenlamm. Außerdem soll es gekocht werden (vgl. zu dieser Sitte 1 Sam 2,12—17), was nach Ex 12,9 ausdrücklich verboten wird. Diese Neuerung wurde notwendig, weil das Opfertier auch aus dem Großvieh genommen werden konnte. Das Fest soll im Abib, dem kanaanäischen Ährenmonat — unserem März/April — stattfinden. Dabei hat man unter „Monat" wohl die Neumondperiode von sieben oder sogar vierzehn Tagen zu verstehen. Ein festes Datum wird nicht angegeben. Offensichtlich wird damit auf den alten Kalender der Agrarfeste zurückgegriffen, für die sich wegen der klimatisch bedingten Unregelmäßigkeit der Ernte kein bestimmter Termin festlegen ließ. Der aus der nomadischen Tradition Israels stammende Paschabrauch wird in den Versen 1—8 bereits mit dem in der Ackerbauernkultur Kanaans beheimateten *Mazzotfest* (das heißt Fest der ungesäuerten Brote; Ex 23,15; 34,18; 13,3—10; Lev 23,6) verbunden. Diese Verschmelzung lag nahe, da beide Feste im gleichen Monat begangen und wahrscheinlich an beiden ungesäuertes Brot genossen wurde (vgl. Ex 23,18; 34,25). Ungesäuertes Brot wurde nämlich bei unvorhergesehenem Bedarf von Brot gebacken (vgl. Ex 12,33—34) oder während der Ernte vom neuen Ertrag hergestellt (Jos 5,11). Das *Wochenfest (V. 9—12)* hieß früher wegen seines Zusammenhangs mit der Weizenernte „Erntefest" (Ex 23,16). Die Bezeichnung „Wochenfest" ergab sich aus der Errechnung seines Termins. Wurde der Beginn der Ernte ursprünglich sieben Tage lang mit dem Fest der ungesäuerten Brote begangen (vgl. Ex 23,15; Lev 23,9—14), so bildete das Wochenfest sieben Wochen danach, also am fünfzigsten Tag (Pentecoste, Pfingsten) den feierlichen Abschluß mit der Darbringung der Erstlingsfrüchte. Da die Ernte nicht jedes Jahr zur gleichen Zeit einsetzen konnte, wurde auch das Wochenfest nicht auf einen feststehenden Zeitpunkt festgelegt. Das Judentum verknüpfte mit diesem Fest die Erinnerung an die Sinaigesetzgebung. Das Christentum gedenkt an diesem Tag der Herabkunft des Heiligen Geistes auf die Jünger Jesu. Das *Laubhüttenfest (V. 13—15)* ist das dritte Fest, das Israel neben Mazzot- und Erntefest aus der Kulturlandtradition übernommen hat. In Ex 23,16 und 34,22 wird es „Fest der Lese" genannt. Es beschloß das Bauernjahr und war das freudigste, das Fest schlechthin. Die Bezeichnung „Laubhüttenfest" wird gewöhnlich damit erklärt, daß man während der Ernte in den Weingärten in Hütten wohnte. Eine andere Meinung führt den Namen darauf zurück, daß die Armee seit den Tagen der frühen Königszeit in Hütten lebte (2 Sam 11,11) und dahinter die Auffassung stehe vom Gottesvolk als der um die Lade, das alte Kriegspanier, versammelten Heerscharen Jahwes. Die Deutung von Lev 23,42—43 dagegen ist gewiß anachronistisch; denn vor ihrer Niederlassung in Palästina wohnten die Israeliten nicht in Hütten, sondern in Zelten. Zudem war das Wohnen in Laubhütten wohl schon bei den Kanaanäern ein mit dieser Feier verbundenes Brauchtum.

Bei der *Zusammenfassung der Verpflichtungen der drei jährlichen Wallfahrtsfeste (V. 16—17)* fehlt ein Hinweis auf das Pascha. Vielleicht wurde dieses überhaupt nur als ein in der ersten Nacht des Mazzotfestes geübter Opferbrauch verstanden (V. 4b.7b). Vielleicht aber stammen auch diese Abschlußverse vom Autor der Verse 9—15, der dann auch das Pascha mit dem älteren Mazzotfest (V. 3a—4a.8) kombiniert hätte. Als Teilnehmer werden nur die Männer angeführt, da sie allein als die vor dem Recht verantwortlichen Personen zu dieser zeugnishaften Anerkennung der Souveränität Jahwes verpflichtet waren. Die weiteren, in den Versen 11 und 14 (vgl. 26,11) genannten Kreise werden dadurch nicht ausgeschlossen.

19. Ämtergesetzgebung (16,18 — 18,22)

Auf den ersten Teil der deuteronomischen Gesetzessammlung (12,2 bis 16,17), der kultische Fragen regelt, folgt nun die Gesetzgebung über die leitenden Gewalten in Israel. Sind auch die einzelnen Bestimmungen nicht gleich alt und in sich mehrschichtig, so wurden sie doch durch die Hauptredaktion des Abschnittes als *einheitlicher Verfassungsentwurf* betrachtet.

Seine Gliederung ergibt sich aus einer assoziativen, das heißt durch Gedankenverbindungen bewirkten *Verknüpfung der einzelnen Themen.* Sie beginnt mit Gesetzen über den Sachbereich Gerichtswesen. Da in ihm jedoch drei Personengruppen, nämlich Richter, Beamte und Priester vorkommen, provoziert diese „Doppelgesichtigkeit" die anschließende Behandlung weiterer Amtspersonen, nämlich des Königs, des Priesters und des Propheten. In Kapitel 19 wird dann die Thematik Gerichtswesen wieder aufgegriffen. Die Bestimmungen sind somit gesetzessystematisch zusammengestellt. Da es nach dem Deuteronomium kein ständiges Offizierskorps gibt — der König befehligt nur eine nicht allzu große Söldnertruppe (17,16); der Heerbann muß für jeden Krieg durch die (aus 16,18 bekannten) Listenführer neu aufgestellt werden (20,1—9) —, sind die ständig existierenden wichtigsten Ämter hier vollständig erfaßt.

Die entscheidende Redaktion der Ämtergesetze ist wahrscheinlich *in der beginnenden Exilszeit,* also der späten ersten Hälfte des 6. Jahrhunderts vor Christus, und im Zusammenhang mit der deuteronomistischen Bearbeitung der Geschichtstraditionen Israels anzusetzen. Die vorliegende Ämtergesetzgebung ist daher Ergebnis kritischer Auseinandersetzung mit den Verfassungsverhältnissen der Königszeit, zugleich aber auch Beschreibung einer *utopischen Theorie,* nicht einer bestehenden Wirklichkeit. Dies gilt, obwohl sich manche Vorschrift davon in nachexilischer Zeit, als das Deuteronomium wieder Gültigkeit besaß, durchgesetzt haben mochte. Dem Verfassungsentwurf zugrunde liegt der Gedanke der *„Gewaltenteilung"*. In ihrem Hintergrund dürften die schrecklichen Erfahrungen Israels mit einem übermächtigen Königtum stehen, das ja den Staat schließlich ins Verderben stürzte. Zwar sind die verschiedenen Ämter nicht nur von ihrer Funktion, sondern auch von ihrem Ursprung her unterschiedlich angelegt. Doch werden sie letztlich auf eine einzige Wirklichkeit hingeordnet, nämlich die *geschriebene Tora,* die Weisung, das „Gesetz". Dieses ist den Priestern zur Aufbewahrung und lehrenden Bekanntmachung anvertraut; es wird von den Propheten lebendig gedeutet, eventuell sogar nach den Erfordernissen der Zeit erweitert und ergänzt; aus ihm soll der König wie jeder Israelit leben; nach ihm sollen die Richter ihre Urteile fällen. Enthält dieses Dokument auch viele Einzelbestimmungen, so geht es doch letztlich um die zehn Gebote, vor allem das erste Gebot (siehe 17,2—7). So garantiert einerseits das Gesetz die Vielfalt und die gegenseitige Ausbalancierung der Ämter; andererseits haben diese Ämter die Herrschaft Jahwes, die er durch sein Gesetz und seine Propheten ausübt, zu sichern.

Israel selbst, das heißt wohl seine Sippenhäupter, sollen *Richter und Beamte in den einzelnen Ortschaften* einsetzen (*16,18*; vgl. 1,16—17; ferner die Rechtsreform des Joschafat 2 Chr 19,4—11). Am zentralen Gerichtshof dagegen werden sie als schon bestehend vorausgesetzt (17,9.12). Wahrscheinlich ernannte sie dort der König. Die *Verse 19* bis *20* geben eine Art Richterspiegel, wenden sich aber letztlich an das ganze Volk (vgl. Ex 23,1—3.6—8; Dtn 1,17; 24,17; Ps 15[14],5). Von den folgenden *apodiktischen Kultgeboten (16,21—22; 17,1)* richten sich die beiden ersten gegen die kanaanäischen Kultsymbole „Aschere“ und „Mazzebe“ (12,3). Eine Aschere war ein heiliger Baum oder hölzerner Pfahl, der einer gleichnamigen kanaanäischen Vegetationsgöttin, der Gefährtin des Baal, geweiht war. Ihre Verehrung stand im Zusammenhang mit Fruchtbarkeitsriten. Die Errichtung einer Aschere neben einem Altar Jahwes mußte die Jahwereligion daher dem Baalskult angleichen. Bei den Mazzeben handelt es sich um Gedächtnisstelen, die als mit dem Jahweglauben unvereinbar galten (Ex 24,4; vgl. Gen 28,18) und unter die Götzenbilder gerechnet wurden (7,5; 12,3; Lev 26,1; Mich 5,12). Sie gehörten zum Inventar der „Höhen“. Das Verbot fehlerhafter Opfer schließlich (17,1; vgl. Mal 1,6—9; Lev 22,20) wurde wohl deshalb in diesen Kontext eingefügt, weil auch sie *„Greuel“ für Jahwe* darstellten.

Ihre Erwähnung leitet die Beschreibung eines *Modellprozesses mit eingebauter Zweizeugenregel* ein *(17,2—7)*, und zwar ein Verfahren beim Abfall zu Gestirnsgöttern. Als Tatbestand liegt ihm die Übertretung des ersten Gebotes zugrunde (vgl. 4,19), also des zentralsten Anliegens des Gesetzes (zum Abfall siehe auch Kap. 13).

Hängt bisher alles assoziativ an der Einsetzung der örtlichen Gerichte, so wird diese Satzung in Vers 8 wieder direkt aufgegriffen und durch die Vorschriften über ein Verfahren am *zentralen und sakralen Gerichtshof (V. 8—13)* weitergeführt. Er dient nicht der Revision eines von den Ortsgerichten gefällten Urteils. Vielmehr soll er die Fälle, die dort mit den normalen Mitteln der Rechtsfindung nicht bewältigt werden konnten, in erster und einziger Instanz auffangen. Er ist den Ortsgerichten überlegen, weil er zugleich auch sakrales Gericht ist (vgl. 21,5). Das beweist die Anwesenheit der levitischen Priester *(V. 9)* bzw. des dort diensttuenden Priesters *(V. 12)* neben den Richtern (vgl. 2 Chr 19,8—11). Für die Nichtbeachtung ihres Spruches wird die Todesstrafe verhängt *(V. 12—13;* vgl. 21,21). Da früher der König selbst der oberste Richter war, schließt sich nun das Thema *„Königtum“* an *(V. 14—20)*. Das Gesetz geht von der Voraussetzung aus, daß Israel nach abgeschlossener Landnahme eines Tages die Einführung des Königtums wünschen wird *(V. 14*; siehe dazu 1 Sam 7,2 bis 8,22; 10,18—19; 12,1—25. Da dieses fremden Ursprungs ist (vgl. 1 Sam 8,5), darf es nur unter bestimmten Bedingungen vom Gottesvolk akzeptiert werden: der König muß von Jahwe erwählt (1 Sam

10,24; 16,1—13; 2 Sam 5,1—3) und ein Israelit sein (vielleicht eine Anspielung auf die Usurpation des „Kanaanäers" Abimelech — vgl. Ri 9,3.18). Eingesetzt wird er jedoch von Israel selbst, das heißt von seinen Ältesten *(V. 15)*. Wahrscheinlich gilt das nur für den Anfang der Dynastie; denn Vers 18 dürfte die Königswürde als erblich betrachten. Vergleicht man das deuteronomische Königsgesetz mit der tatsächlichen Regierungsgewalt der Jerusalemer Könige in vorexilischer Zeit, wird eindeutig klar: hier soll dem mächtigen Königtum die Macht genommen werden. So fordert eine Art Königsspiegel in den *Versen 16—17* eine Beschränkung der Zahl der Rosse und damit des Umfangs der königlichen Wagenkämpfertruppe, auf die es im Kampf besonders ankommt. Der Krieg wird nach dem Deuteronomium ja nicht von ihr, sondern vom stets neu aufzustellenden Heerbann geführt. Auch ein zu großer königlicher Harem (V. 17a) konnte durch die Verwandtschaft mit anderen Herrscherhäusern, die auf diese Weise entstand, Bündnisse mit fremden Potentaten zementieren. Wahrscheinlich müssen diese Bestimmungen vor dem Hintergrund der negativen Erfahrungen gesehen werden, denen der Jahweglaube unter der Herrschaft Salomos ausgesetzt war. Verführten ihn doch gerade seine vielen Frauen zum Götzendienst (siehe 1 Kön 11,1—8). Darüber hinaus trugen auch der Ankauf zahlreicher Pferde (V. 16; vgl. 1 Kön 10,26—29 und 2 Sam 8,4; siehe Dtn 28,68) und das Anhäufen eines Kronschatzes (V. 17b; vgl. 1 Kön 10,14—25) die Schuld am Niedergang des salomonischen Reiches (1 Kön 11,9—13).
Nach 1 Sam 8,20 obliegen dem König als Hauptaufgaben die Rechtsprechung und Leitung der Kriege. Von beiden Funktionen schweigt das deuteronomische Königsgesetz. Trotzdem dürfte dem König auch in diesem Rahmen noch die aktive Leitung der Regierungsgeschäfte zugedacht sein. Ausdrücklich verpflichtet aber wird er dazu, ein Exemplar des deuteronomischen Gesetzes zu besitzen, es stets mit sich zu führen und darin zu lesen. Dadurch würde er auch ihm gemäß leben (*V. 18—20*; vgl. Jos 1,7—9; 1 Kön 2,1—4). Weil die hier gebrauchten Wendungen an anderen Stellen für alle Israeliten gelten, ist der König offenbar als Musterisraelit gedacht. Mit der Tora (eigentlich: Weisung) ist in diesem Zusammenhang nicht mehr eine priesterliche Einzelbelehrung oder Auskunft auf eine Anfrage hin gemeint (so vielleicht noch 17,11), aber auch noch nicht das „Gesetz" im späten

Verständnis etwa des Judentums. Ihre Bedeutung liegt etwa in der Mitte von beidem: die Tora kommt als ein Gesamt an Belehrung über Mose von Jahwe und bildet die Urkunde des zwischen Jahwe und Israel geschlossenen Vertrages. Ihr konkreter Inhalt findet sich zunächst — grob gesprochen — in den Kapiteln 5—28. Ihr Urexemplar besitzen die levitischen Priester (*V. 18*; siehe bei 31,9). Diese Sicht des Königsgesetzes dürfte der Wirklichkeit des beginnenden Exils entsprechen. Nach 31,9—13 hatten die Leviten mit der Aufbewahrung dieser Urkunde zugleich die Verpflichtung, sie durch Unterweisung des Volkes auch an die neuen Generationen weiterzugeben.

Dem Königsgesetz folgen die Bestimmungen für die *Kultdiener (18,1—8)*. Die levitischen Priester besitzen nach dem Deuteronomium folgende drei Funktionen: neben der eben erwähnten Aufbewahrung der „Weisung" des Mose (17,18) und deren lehrender Vermittlung (31,9—13) kommt ihnen von alters her die sakrale Gerichtsbarkeit (17,9.12) und der Opferkult (18,3) zu. Aus letzterem beziehen sie auch ihre Einkünfte (vgl. Lev 7,28—36; Num 18,18). Sie dürfen ja keinen erblichen Landbesitz haben (*V. 1—2*; vgl. Num 18,10.24). Die Priesteransprüche werden im einzelnen bestimmt *(V. 3—5)*. Allen Leviten aus Landstädten (vgl. Ri 17,7; 19,1) wird das Recht zugesichert, am Zentralheiligtum Dienst zu tun und dort zu den gebührenden Einnahmen zu kommen *(V. 6—8)*. Nach 2 Kön 23,9 wurde ihnen dieser Anspruch bei der Joschijareform jedoch nicht gewährt. Schuld daran war wohl nicht die Jerusalemer Priesterschaft. Denn dieser Passus kam wahrscheinlich erst später — jedoch noch vor der ausgehenden Exilszeit mit dem Kompromiß zwischen dem Priestergeschlecht der Zadokiten und der Leviten — ins Gesetz.

Zum Betrieb an Heiligtümern gehörten im Alten Orient unter Umständen auch verschiedene Riten wie Kinderopfer (siehe 2 Kön 23,10) und Arten von Wahrsagerei und Zauberei (2 Kön 17,17; 21,6). Das alles wird im *Prophetengesetz (V. 9—22)* verboten *(V. 9—12)*. Das dahinter liegende positive Anliegen, nämlich die Suche nach dem individuellen Kontakt des einzelnen mit Gott in konkreten Lebenssituationen, wird freilich respektiert. Doch wird es nicht von den Priestern, sondern von einem Propheten wahrgenommen *(V. 13—15)*. Das Prophetentum, zu dem Gott immer wieder einen Menschen erweckt, setzt die Mittlerschaft des Mose zwischen Jahwe und dem Volk fort. Seine

Begründung findet es daher am Horeb, wo es zusammen mit der Gesetzgebung gestiftet wird. Zutiefst ist es freilich durch die Unfähigkeit des Menschen bedingt, Gott unmittelbar zu begegnen *(V. 16—18;* vgl. 5,23—31). Wer den Worten eines solchen Gottgesandten nicht gehorcht, den wird Jahwe selbst bestrafen (anders bei der Nichtbeachtung eines Entscheides des Zentralgerichtshofes 17,12—13). Propheten, die ohne einen Auftrag von Jahwe oder im Namen anderer Götter auftreten, müssen getötet werden (*V. 20;* vgl. Jer 14,13—18). Diesen Tatbestand kann man am Nichteintreffen des von ihnen Vorhergesagten feststellen (*V.20—22*; vgl. 1 Kön 22,28; Jer 28; Ez 33,33). Die von Jer 18,7—10 ins Auge gefaßte Möglichkeit — Androhung eines Unheils, das Gott wegen der Bekehrung des Volkes dann nicht mehr verhängt —, kommt hier nicht in den Blick. Man hat zwar die Notwendigkeit eines Unterscheidungsmerkmales zwischen wahren und falschen Propheten gespürt, doch ist der Versuch, dem Prophetischen mit juristischen Maßstäben beizukommen, praktisch gescheitert. Vers 13,2—3 relativiert sogar das Erfüllungskriterium: auch Zeichen und Wunder beglaubigen noch nicht die Echtheit prophetischer Verkündigung. Ihr einziger Prüfstein bleibt die Rechtgläubigkeit. Durch das freie, charismatische Prophetentum sollen nach dem Deuteronomium dem König und jedem Israeliten Sicherheit und Impulse vermittelt werden. Nach 2 Kön 17,13 könnte die angeführte Parallele zwischen Mose und dem Propheten dahin ausgezogen werden, daß dieser sogar Änderungen und Ergänzungen an der Tora anbringen oder solche genehmigen durfte. Damit brächte er zu der überzeitlichen Tora das aktuelle Wort hinzu.

20. Das geschichtliche Credo Israels (26,5—9)

Die alttestamentliche Forschung der vergangenen Jahrzehnte hielt die Verse 5b—9 für ein geringfügig erweitertes, aber in allen Hauptelementen altes Glaubenszeugnis der Frühzeit Israels. Dieses im Kult beheimatete Credo habe schon bei der Schaffung der ersten Quellschrift der Bücher Mose, nämlich des jahwistischen Geschichtswerkes, kanonisches Ansehen genossen und sei als Leitfaden für die Zusammenstellung der einzelnen Erzählungen verwendet worden. Neuere Untersuchungen der Sprache und Überlieferungsgeschichte des Credo zeigen jedoch, daß sein Aufriß einen späteren Auszug aus der Gesamtschau der großen Geschichtstheologien Israels darstellt. Er wurde erst *von einem deuteronomischen Autor in Anlehnung an den Geschichtsüberblick Num 20,15—16 und unter Verwendung zahlreicher Anspielungen auf Schlüsselbegriffe der Patriarchen- und Herausführungserzählungen* geschaffen. Stilistisch wird der Text von einem feierlichen *Dreierrhythmus* geprägt. Die von Einzelereignissen losgelöste große geschichtliche Linie der Verse 6—9 folgt dem geschichtsdeutenden Modell „Not — Klage — Erhörung — Rettungshandeln Gottes" (vgl. den Aufbau der Klagelieder des Psalters). Das Credo wurde von seinem Verfasser auch *in das bereits vorliegende Darbringungsgebet des alten Erntedankritus (V. 5.10a) eingefügt,* wodurch die deuteronomische Gesetzessammlung zugleich einen vollen theologischen Ausklang erhielt.

Die Dankesschuld Israels für die gegenwärtige Fruchtbarkeit des Landes (V. 10) wird durch den Kontrast zur heimatlosen, nomadischen Lebenssituation seiner Vorfahren verdeutlicht. Im Unterschied zu den anderen altorientalischen Völkern bildet dieser ungesicherte aramäische Stammvater, unter dem das Credo den Patriarchen Jakob versteht, nicht aber mythologisch überhöhte halbgöttliche Urkönige oder urzeitliche Helden, den Anfang der Volksgeschichte. Gerade bei einer solchen Existenz setzte Jahwes erwählende Liebe ein. An der kleinen Ahnensippe, die in Ägypten zum „großen, mächtigen und zahlreichen Volk" wird, erfüllen sich wunderbar die Fruchtbarkeitsverheißungen Jahwes gegenüber den Vätern (Gen 12,2; 46,3). Die Nachkommen Jakobs lebten in Ägypten als „Fremde", das heißt Gastbürger *(V. 5).* Ihre Knechtung und Ausbeutung durch die Ägypter (siehe Ex 1,11 bis 12; 5,9.23) widerspricht somit einer klar bestimmbaren Rechtssituation *(V. 6).* Sie schrieen mit Recht in dieser Notsituation zum Gott ihrer Väter (siehe Ex 3,7.9), der erst an dieser Stelle ausdrücklich genannt wird *(V. 7).* Die Gliederungsfolge „Not — Hilferuf — Erhörung — Hilfe" gehört zu den ältesten und grundlegenden religiösen Erfahrungen. Sie wird schon im Buch Exodus zur Deutung des ursprünglich sehr verschiedenartigen Traditionsmaterials über Israels Aufenthalt in und seinem Auszug aus Ägypten angewendet. Jahwes rettendes Eingreifen aber umfaßt nicht nur die Herausführung, sondern auch die Hineinführung und die Gabe des Landes Kanaan. Die Zusammenschau der Ereignisse hat ihr Vorbild im Siegeslied Moses und Mirjams in Ex 15. Die für das machtvolle Handeln Jahwes gehäuft gebrauchten Ausdrücke bezogen sich ursprünglich auf bestimmte Geschehnisse im Zusammenhang des Exodus. Sie werden hier jedoch systematisch-knapp zusammengestellt, um verschiedene juristisch-theologische Aspekte der Geschichtstatsachen zu betonen (vgl. 6,21 bis 23). Der Doppelausdruck „mit starker Hand und hocherhobenem Arm" macht darauf aufmerksam, daß die Befreiung des versklavten Israel nicht durch Loskauf, sondern durch berechtigte gewaltsame Einforderung geschah. Der „große Schrecken" deutet auf den göttlichen Hintergrund aller Exodusereignisse. Der abschließende Hinweis „unter Zeichen und Wundern" unterstreicht, daß die Rechtmäßigkeit der Herausführung aller Welt sichtbar und klar bewiesen worden ist *(V. 8;* siehe Ex 3,19; 4,8—9.21; 8,19; 15,11.16). Die Landnahme in Kanaan wird wie im Buch Josua in zwei Phasen beschrieben. Freilich erscheint sie hier nicht wie dort als eine von Jahwe geleitete und unterstützte menschliche Aktion, sondern als alleinige Jahwetat. Israel wurde erstens in das Land hineingeführt, und zwar bis zu „dieser Stätte", nämlich dem Jerusalemer Heiligtum (vgl. Ex 15,17; siehe ferner den Kontext V. 2). Zweitens aber wurde ihm dieses Land geschenkt, und damit eine überströmende Segensfülle (*V. 9*; vgl. 6,3; Ex 3,8; 23,20), die es in der Fruchtbarkeit jedes Jahres immer wieder neu erfährt und preist.

21. Begründung des Gesetzesgehorsams: Der „Bund" (26,16—19)

Das einzigartige Verhältnis zwischen Jahwe und Israel wird im Alten Testament öfters durch die sogenannte *„Bundesformel"* bestimmt: „Ich will euch Gott sein und ihr sollt mir zum Volk sein". Wahrscheinlich sah man in ihr ein bei der Herausführung aus Ägypten gesprochenes Jahwewort. Wesentlich für diese Formel dürfte ihre Verbindung mit dem Gesetzesgehorsam Israels sein. Vielleicht wurde sie zeitweise — wie 2 Kön 11,17 es für das neunte Jahrhundert nahelegt — in Verbindung mit einem Selbstverpflichtungsakt zur Gesetzesbeobachtung bei der Amtseinsetzung eines neuen davidischen Königs verwendet. Das Deuteronomium gebraucht die „Bundesformel" in der Eideszeremonie im Land Moab (29,12), einem Zeitpunkt also, an dem zugleich Mose sein Amt dem Josua übergab (siehe 31,1—8). In *26,17—19* begegnet sie in einer erweiterten Spätform: hier wird Israels Erwählung auch noch durch die Titel „Sondereigentum" und „heiliges Volk" ausgedrückt. Diese Verse bilden durch ihre Gesetzesterminologie ein *Scharnier* zwischen Kapitel 5—26,16 und Kapitel 28. Vielleicht spiegeln sie einen *Verpflichtungsakt Israels* wider, von dem auch in 29,9 bis 14 und 27,9b—10 Bruchstücke erhalten sein könnten.

Die Motive der „Bundesformel" werden auf die Erklärung Jahwes (V. 17) und Israels (V. 18—19) aufgeteilt. „Vertragsleistung" Jahwes bildet seine Zusage, Israels Gott sein zu wollen und Israel als sein Volk anzunehmen; ihr steht als „Vertragsleistung" Israels die gehorsame Erfüllung des Gotteswillens gegenüber. Diese Rechtsstruktur verweist auf Formen *altorientalischen Vertragsschließens,* die auch in Israel bekannt waren. Die deutlichste Parallele bildet der aus dem dreizehnten Jahrhundert vor Christus stammende, auf strenge Gleichstellung der Partner bedachte Vertrag zwischen dem hethitischen Großkönig Hattusil III. und dem Pharao Ramses II. Beide formulierten jeweils den ganzen Vertragstext mit den sie betreffenden Verpflichtungen und im Anschluß daran (!) mit jenen des Partners. Danach schickten sie eine Gesandtschaft mit dem von ihnen gefertigten Exemplar in die Hauptstadt des Partners. Dieser beschwor den zugesandten Text und bewahrte dann die Tafeln auf. Gegenüber diesem Hauptvergleichstext lassen sich in den Versen 17—19 *markante Unterschiede* feststellen. So stehen sich Gott und Volk nicht als zwei gleichberechtigte und selbständige Partner gegenüber. Der Beitrag, den Israel von Jahwe erwartet, wird nicht als neue Forderung, sondern zweimal als schon in Freiheit von Jahwe selbst ergangene Verheißung gekennzeichnet. In beiden Erklärungen wird mit der bereits längst gewährten Vorleistung Gottes begonnen. Vor allem aber stehen die „Leistung" Israels und die „Leistung" Jahwes auf sachlich verschiedenen Ebenen: Israel verpflichtet sich, die zehn Gebote — besonders das erste — und das deuteronomische Gesetz zu beobachten, sich überhaupt Jahwes Willen völlig zu unterwerfen. Jahwe dagegen leistet den Eid, weiterhin zu seiner Erwählung Israels aus den Völkern zu stehen.

22. *Aufträge für die Zeit nach der Überschreitung des Jordan (27,1—26)*

Das Kapitel bildet eine spätere Einfügung in die zweite Moserede (siehe dazu die Einleitung) und ist aus verschiedenen, voneinander unabhängigen Einheiten zusammengesetzt. Die *Verse 9—10* führen inhaltlich 26,17—19 weiter und deuten vielleicht auf das kultische Schweigen am Höhepunkt eines Zeremoniells (vgl. Zef 1,7; Neh 8,11). Die Beziehung zwischen *Israels Gehorsam und seiner Annahme als Gottesvolk* wird dahin präzisiert, daß die Gehorsamsleistung nicht dem Gottesverhältnis als Bedingung vorausgeht, sondern dieser frei geschenkten Gunst als Ausdruck der Dankbarkeit folgt (vgl. Kap. 8; 9,1—6). Die Ausführung der in den *Versen 2—8* erteilten Aufträge berichtet Jos 8,30—35. Der Brauch, getünchte Steine zu beschreiben *(V. 2—3.8)*, ist auch aus Ägypten bekannt. Den Text bildet das Deuteronomium. Die Wiederholung der Befehle von Vers 2 in Vers 4 könnte auf die Verbindung zweier Parallelberichte deuten, wobei dann hinter den (jüngeren) rahmenden Versen 2—3.8 die Errichtung von zwölf Steinen bei Gilgal am Tag der Jordanüberschreitung (Jos 4,20) stünde. Ihre ursprüngliche rituelle Funktion als Gedächtnissteine wird jedoch in eine erzieherische Aufgabe von Gesetzesdokumenten umgedeutet. Das Verbot, die Altarsteine mit Werkzeugen zu bearbeiten *(V. 5—6)*, wird in dem aus Israels Frühzeit stammenden Vers Ex 20,25 mit dem Schutz der Heiligkeit jener Steine begründet. In den Versen 11—14 dürften sich *zwei verschiedene, einst bei Sichem gefeierte kultische Begehungen* erhalten haben. Nach den *Versen 12—13* soll sich Israel in zwei Halbchören von je sechs Stämmen auf den Sichem überragenden Berghängen des Ebal und Garizim aufstellen und wechselseitig die Segen- und Fluchworte sprechen. Dann liegen sie gleichsam auf den weithin sichtbaren Bergen bereit, um auf Israel je nach dessen Gehorsam oder Untreue gegenüber Jahwe herabzukommen. Analog zu Jos 8,33 könnte man sich diesen Ritus so vorstellen, daß die beiden Halbchöre Rücken gegen Rücken Segen und Fluch gegen die Berge hin rufen. Das zweite Zeremoniell in *Vers 14* läßt die Leviten als Liturgen laut die folgende Verbotsreihe rezitieren, deren Sätze dann alle Stämme mit „Amen" zu beantworten haben. Dieses Amen begründet die Gültigkeit des sakralrechtlichen Aktes.

Die Kultgemeinde bekennt sich damit aber auch persönlich zu der ausgerufenen Verfluchungssituation (vgl. Num 5,22; Neh 5,13). Da der Fluch als eine reale zerstörerische Macht angesehen wird, distanziert sich Israel so von seinen sündig gewordenen Gliedern, damit nicht das ganze Volk dem drohenden Strafgericht verfällt. Zugleich stellt es sich Gott als Vollzugsorgan an den Rechtsbrechern zur Verfügung. Die ausgestoßenen Fluchträger haben somit als Verfemte ihren Existenzhalt verloren.
Der *„sichemitische Dodekalog“* (Zwölfwortreihe; *V. 15—26)* stellt eine altertümliche Liste schwerster Verbrechen dar. Diese hat für das Zusammenleben der Jahwegläubigen programmatische Bedeutung. Die verurteilten Praktiken finden sich zwar alle auch in anderen altisraelitischen Rechtsüberlieferungen, werden aber hier unter dem Gesichtspunkt der Heimlichkeit ihrer Ausführung zusammengestellt. Damit anerkennt Israel den Rechtswillen Jahwes auch für die verborgenen Verästelungen seines Lebens und den außerhalb öffentlicher Kontrolle liegenden Bereich. Vers 26 bezieht das ganze deuteronomische Gesetz in die sichemitische Liturgie mit ein.

23. Segen und Fluch (28,1—68)

Die altorientalische Rechtsliteratur — etwa die hethitischen und assyrischen Vasallenverträge, aber auch Gesetzeswerke wie der Codex Hammurapi — sanktionierte die Beobachtung der auferlegten Verpflichtungen mit Segenszusagen und die Übertretung mit Fluchdrohungen. Im Rahmen dieser Tradition (vgl. Lev 26) verkündet Kapitel 28 für Israels „Hören auf die Stimme Jahwes“, konkret das Einhalten der deuteronomischen Gebote, Lohn, für deren Nichtbefolgen aber Strafe (V. 1.15). Segen und Fluch bilden das Instrument göttlicher *Vergeltung.* Diese kommt nicht dadurch zustande, daß der Mensch durch sein Handeln gleichsam eine schicksalwirkende Tatsphäre erzeugt, die ihn dann heil- oder unheilschaffend umgibt, daß also Jahwe nur diese Zusammenhänge von Tun und Ergehen — von Guttun und Wohlbefinden bzw. von Sünde und Verderben — sich auswirken ließe. Das Deuteronomium sieht vielmehr in Segen (7,12—16; 11,13 bis 15; 30,16) und Fluch (4,25—28; 8,19—20; 11,16—17; 30,17—18) eine souveräne, persönliche Reaktion Jahwes. Er selbst hat in voller

Freiheit seine Gnadengaben an eine Gehorsamsleistung gebunden. Da er seinem Wort treu bleibt, kann der nun geschuldet geschenkte Segen nach Erfüllung der gesetzten Bedingung von Israel mit Zuversicht erhofft und als göttliche Antwort verstanden werden. Die Betonung der *Allursächlichkeit Jahwes* in Segen und Fluch richtet sich gegen den in Israels Umwelt verbreiteten Glauben an Naturgottheiten als Spender der Fruchtbarkeit bzw. an die schädigenden Kräfte der Dämonen oder magisch unpersönlich wirkender Mächte. In der Anerkennung Jahwes als des in Segen und Fluch allein unmittelbar Handelnden äußert sich der Glaube an ihn als Israels Gott und die Absage an alle Fremdgötter (vgl. V. 14) im alltäglichen Leben. Im vorliegenden Textzusammenhang wenden sich alle Sprüche sowohl an Gesamtisrael als auch an dessen einzelne Mitglieder. Der einzelne erscheint in Glück und Unheil als solidarisch mit dem ganzen Volkskörper verbunden.

Der Text ist in einen Segens- (V. 1—14) und einen ungefähr viermal längeren Fluchabschnitt (V. 15—68) gegliedert. Dieses Mißverhältnis erklärt sich zum Teil aus exilisch-nachexilischen Erweiterungen (V. 46—57; 58—68) der ältesten Fassung (V. 1—45). Aber auch in dieser sind ursprünglich selbständige, alte kultische Segen- und Fluchformulare, deuteronomische Segens- und Fluchreihen, vorexilische predigtartige Texte, späte Bezugnahmen auf das Exil und einige Einzelsprüche erst zu einer Einheit zusammengefügt worden. Dieser *literarische Wachstumsprozeß* läßt sich rekonstruieren aufgrund der thematischen Überschneidungen, Unterschiede im Stil, ferner in den Lebenskulturen, die vorausgesetzt werden, und in den Erfahrungen, die auf verschiedene Geschichtssituationen zurückgehen.

Segen- und Fluchteil des Kernteiles (V. 1—45) zeigen einen ähnlichen Aufbau: fast gleichlautende Bedingungssätze (V. 1—2 und 13b—14; 15 und 45) rahmen ein rhythmisch gegliedertes Segen- (V. 3—6) bzw. Fluchformular (V. 16—19) und Segensverheißungen (V. 7—13a) bzw. Fluchandrohungen (V. 20—44), in denen Jahwes Heils- bzw. Unheilswirken durch ein Verb am Satzanfang ausgedrückt wird.

Segen- und Fluchformular enthalten in ihren einleitenden und abschließenden *Versen 3* und *6* bzw. *16* und *19* allgemeine Aussagen, die alle Lebensbereiche überall („in Stadt und Land“) und bei jeglichem Tun („heimkehren und ausziehen“) umfassen. Die Mittelverse *4—5* bzw. *17—18* sind dagegen auf bäuerliche Kulturverhältnisse zugeschnitten und verdrängen Baal aus seiner althergebrachten Zuständigkeit als Segenspender. Jahwes Machtwort bewirkt als Segen Lebensmehrung: zahlreiche Kinder (vgl. Ex 1,21; Ps 127,3—5) und vielfältigen Ertrag (vgl. Gen 26,12). „Korb und Backtrog“ stehen für die gesammelte und die erarbeitete Nahrung. Das durch Frieden und Besitz aller lebensnotwendigen Güter gesicherte Lebensglück wird jedoch durch den Fluch zerstört.

Im Mittelpunkt der *Segenszusagen* der *Verse 7—13a* steht Israels gnadenhafte Erhebung in die besondere Eigentums- und Schutzbeziehung eines „heiligen Volkes“ (*V. 9;* 7,6; 26,18—19). Dieses Privileg stellt jedoch keinen unverlierbaren Besitz dar, sondern ist an Israels Gehorsam als Antwort auf Jahwes zuvorkommendes Handeln gebunden. Nur Jahwe, nicht jedoch militärische Machtmittel, verleihen Israel Unüberwindlichkeit (*V. 7*; vgl. Ps 20,8). Das Ausrufen von Jahwes Namen über Israel zeigt an, daß dieses Volk sein Eigentum ist *(V. 10).* Der daraus erfließende Wohlstand ermöglicht Israel sogar — wie die in Antithesen formulierte Segensreihe der *Verse 12b—13* verheißt — durch seinen wirtschaftlichen Einfluß und sein Ansehen eine Vorrangstellung unter den Nationen.

Solcher Lebenssteigerung durch Segen ist der Fluch als Lebensminderung entgegengesetzt. Die Verse 26—35 stimmen in Bildwelt und Reihenfolge der angedrohten Strafen weitgehend mit den Fluchsanktionen eines Vasallenvertrages des assyrischen Königs Asarhaddon (681—669 v. Chr.) überein. Das Deuteronomium hat ihre Formulierungen wohl aus jenen politischen Texten übernommen. Die Verse bilden somit einen literarischen Block, der mit denselben Plagen, nämlich Geschwüren und Wahnsinn, anfängt (V. 27—29) und schließt (V. 34—35). Auch für die Verse 23 und 36—37 lassen sich neuassyrischen Parallelen nachweisen. Wuchtigen Hammerschlägen (vgl. Jer 51,20—23) gleich beginnen die *Verse 22.27.28* und *35* jeweils mit der Wendung „der Herr schlägt dich mit . . .“. Daran anschließend werden Krankheiten des Leibes und Geistes aufgezählt. Wie Schergen eines strafenden Richters — Krankheiten wurden ja zumeist als Strafe aufgefaßt — verfolgen sie das schuldiggewordene Volk und erreichen ihr Ziel erst mit dessen völliger Vernichtung. Die Fluchreihe in den *Versen 30—33* malt mit den Farben der Kriegsschrecken die Nutzlosigkeit alles unter dem Fluch stehenden menschlichen Wirkens und die Schädigung des mühsam erworbenen Besitzes (siehe dazu aber 20,5—7). Vereinsamt und mittellos fällt der von der Strafe getroffene Sünder schließlich in Wahnsinn und in unheilbare Krankheiten *(V. 34—35)*. Die *Verse 36—37* ergänzen diese Elendschilderungen und fanden im babylonischen Exil ihre grauenhafte Verwirklichung (vgl. V. 36 mit 2 Kön 25,7.11; Dtn 4,28; 28,64). Die *Fluchreihe* in den *Versen 38—42* begründet jeweils die völlige Erfolglosigkeit menschlichen Mühens durch Naturkatastrophen. Ihre Sprüche beziehen sich auf den bäuerlichen Lebensbereich. Sie folgen der vorgeformten Stichwortkombination „Korn — Wein — Öl" (vgl 11,14). Eine Verwüstung durch Heuschreckenschwärme, gegen die es keinen wirksamen Widerstand gibt, beschreibt besonders anschaulich Joel 1—2. Fülle von Wein galt als besonderes Segenszeichen (Gen 27,28.37; Joel 2,23 bis 24). Olivenöl war als Nahrungsmittel, Sonnenschutz, Brennstoff und Opfermaterie von besonderer Wichtigkeit.

Der *erste umfangreiche Zusatz* zum alten deuteronomischen Fluchabschnitt, nämlich die *Verse 46—57*, könnte die gräßlichen Erfahrungen bei der Belagerung Jerusalems 587 widerspiegeln (2 Kön 25). Doch existieren zu den Versen 53—57 auch Parallelen in assyrischen politischen Verträgen, wodurch die Motive jener Verse zugleich als typisch für Fluchformulare erscheinen. Weil Israel das Angebot Jahwes, im Überfluß und voll Freude ihm zu dienen (V. 47), ausgeschlagen hat, überliefert dieser selbst sein Volk einem gnadenlosen Feind (vgl. Jes 5,26—30; Jer 5,15—17; zu V. 48 vgl. Jer 28,13—14). Sein Wüten wird in traditionellen Schreckensbildern vergegenwärtigt: er plündert die Landschaft aus *(V. 51)*, belagert die Ortschaften *(V. 52)* und zwingt — was breit und mit unheimlichen Einzelzügen ausgemalt wird — durch eine Hungerblockade die Eingeschlossenen, ihre eigenen Kinder zu verzehren (vgl. z. B. Lev 26,29; 2 Kön 6,28—29; Jer 19,9; Klgl 2,20; 4,10).

In den *zuletzt angehängten Versen 58—68* erreichen die Fluchdrohungen ihre äußerste Schrecklichkeit und lassen deutlich die Exilsituation erkennen. Jahwe hat nun sogar Freude an der Vernichtung Israels *(V. 63)*. Der bisher abgewickelte Faden der Geschichte Gottes mit seinem Volk wird gleichsam wieder aufgespult, die Heilssetzungen werden in ihr Gegenteil verkehrt. Die einst an die Patriarchen ergangenen Verheißungen zahlreicher Nachkommenschaft (Gen 15,5; 26,4) und des Landes (z. B. Gen 15,18) finden ihre offenkundige Aufhebung *(V. 62.63—64)*. Zerstreut unter die Völker muß der kümmerliche Rest Israels nun die unwirksamen Götzen der Heiden verehren *(V. 63;* vgl. V. 36 und 4,28). Die von der Vernichtung Verschonten fristen ihre Tage in Ruhelosigkeit fern von Jahwe, in unentrinnbarer Angst und einem endlosen Grauen *(V. 65—67)*. Ja sie treten sogar den Weg zurück nach Ägypten an (17,16; Gen 26,2; vgl. Hos 8,13; 9,3) in der freilich unerfüllten Hoffnung, dort wenigstens ein Sklavendasein führen zu können *(V. 68)*.

Das pragmatisch-theologische Schema von Segen und Fluch — mit dessen Hilfe die Deuteronomisten im Buch Josua bis zu den Büchern der Könige die Geschichte Israels beurteilten und die nationale Katastrophe erklärten — dient hier dem *seelsorglichen Anliegen des Deuteronomiums:* es will die Wahl des „Lebens", nicht des „Todes" (30, 15—20) nahelegen, vor dem Abfall von Jahwes Geboten bewahren und durch Strafandrohungen zur Umkehr bewegen. Sowohl Jahwes Glut liebender Begnadung als auch die Flammen seiner leidenschaftlichen Eifersucht (5,9—10) entspringen letztlich seinem Heilswillen.

Dritte Moserede: Letzte Verfügungen (28,69 — 32,52)

24. Der Eid im Land Moab (29,1 — 30,20)

Die *Überschrift 28,69* stellt dem von Gott selbst geschlossenen „Horebbund", das heißt der Verpflichtung Israels auf die zehn Gebote, jene „Worte des Bundes" gegenüber, die Mose das Volk im Land Moab schwören ließ. Näherhin handelt es sich dabei um die „Worte der Eideszeremonie", eines Vertragsabschlusses im weitesten Sinn.

Die Kapitel 29—30 sind aus sechs Abschnitten *aufgebaut:*

1. Vorgeschichte (29,1—8);
2. Protokoll einer Schwurzeremonie (29,9—14);
3. warnende Predigt (29,15—20);
4. anknüpfender Fluchabschluß und Segen (29,21—27; 30,1—10);
5. empfehlende Predigt (30,11—14);
6. Segen, Fluch, Zeugenanrufung und Schlußermahnung (30,15—20).

Die Komposition dieser Elemente lehnt sich in den Teilen 1 und 6 entfernt an das Vasallenvertragsschema an. Die redaktionelle Zusammenordnung und Reihung der anderen — vielleicht sogar aller — Einzelstücke könnte nach einem freilich nicht mehr sicher rekonstruierbaren Ritual erfolgt sein. Ihrer *Entstehung* nach bilden die drei literarischen Einheiten 29,1—20; 30,11—14; 30,15—20 den deuteronomischen Grundbestand. Ihm entspricht thematisch auch die Überschrift 28,69. Dagegen handelt es sich bei 29,21—27 und 30,1—10 um zwei spätdeuteronomistische Einfügungen, die den Gesamttext aus der Sicht ihrer Botschaft verstanden wissen wollten.

Die erste Einheit *(29,1—20)* deutet ihre Gliederung an durch das in den Versen 1.9.15 betont vorausgestelltes „ihr". Im *historischen Rückblick der Verse 1—7* bilden „der heutige Tag" (V. 3) und „dieser Ort" (V. 6) die eigentlichen raumzeitlichen Achsen der Geschichtsdarstellung und schlagen die Brücke vom Einst zur Gegenwart. In den beiden ersten, parallel gestalteten Teilen dieses Abschnitts (V. 1—3; 4—6a) werden die berichteten Ereignisse jeweils theologisch ausgelegt: das Altüberlieferte (vgl. 8,2—4) wird erst jetzt in seiner vollen Tragweite begreiflich (V. 3) und soll zur *Anerkennung Jahwes* führen (V. 5). Der dritte Teil (V. 6b—7), der die Eroberung des Ostjordanlandes in Erinnerung ruft (2,24—3,13), bleibt im innergeschichtlichen Raum — vielleicht ein Hinweis auf die theologische Bedeutungslosigkeit der späteren Abtrennung der ostjordanischen Gebiete vom Verheißungsland. Das „paränetische Schema" (siehe bei 4,1) in *Vers 8* leitet über zum nächsten Abschnitt, den stilistisch feierlich und zugleich juristisch präzis formulierten *Versen 9—14.* Historisch gesehen findet sich in diesen Versen wahrscheinlich ein Jerusalemer *Ritual* der ausgehenden Königszeit, das auch bei der „Bundesverpflichtung" unter König Joschija zur Anwendung gekommen sein dürfte (2 Kön 23,1—3). Die entscheidenden Wortgruppen unseres Textes, denen jeweils ein „heute" zugeordnet ist, werden durch ihre regelmäßige Abfolge hervorgehoben: sie laufen auf die „Bundesformel" in Vers 12 als Höhepunkt zu und werden dann in rückläufiger Reihung wiederholt. Die Versammlung der verschiedenen Stände wird zunächst zur Kultversammlung erklärt (V. 9—10). Ihr Zweck ist die *Selbstverpflichtung Israels auf das Deuteronomium.* Sie erfolgte wohl in Form einer Selbstverwünschungszeremonie, wobei auf das Schreiten zwischen zerteilten Tieren angespielt sein dürfte. Damit verflucht sich der Übertreter des Eides symbolisch zum Schicksal jener Tiere (Jer 34,18—20). Grundlage des Eides von seiten Gottes sind seine frühere Zusage an Israel und sein Schwur gegenüber den Patriarchen (V. 12; vgl. 26,17—19). Einbezogen werden alle Anwesenden, aber auch die späteren Generationen (V. 13—14; vgl. 5,3). Die *Predigt* der *Verse 15—20* möchte die inneren Vorbehalte ausräumen und die *Zustimmung des Herzens* (Leitwort der Verse 17—18) zu der eben rechtsgültig vollzogenen äußeren Zeremonie sichern. Die Grundsatzbestimmung „keinen anderen Göttern dienen" gilt auch für den Bereich der privaten und geheimen Götterverehrung. Der urkundlich niedergelegte, gleichsam sprungbereit lauernde Fluch (28,15—68) wird auch in solchem Fall wirksam werden (V. 19—20).

Die zweite Einheit, die *Verse 21—27*, ein rhetorisches Prachtstück, weitet die Perspektive vom einzelnen auf das ganze Volk und schließt die Fluchdrohung ab. In breiter Formulierung — die Verse bilden im hebräischen Text einen einzigen Satz — werden der zuhörenden Gemeinde die Folgen einer Übertretung des Hauptgebotes vor Augen gemalt. Dies geschieht fiktiv und indirekt im Spiegel des Fragens der Völker, die die *Auswirkungen der bereits eingetroffenen Fluchfolgen* in Land und Natur wahrnehmen. Ihre Antwort offenbart den ungeheuren Undank, der in Israels Götzendienst liegt, und zeigt Jahwe als gerechten Vergelter. Die schlimmste Auswirkung erreicht die Bestrafung in der — nun bereits eingetretenen! — Verbannung Israels (V. 27). Darin äußert sich das eigentliche Anliegen des exilischen Verfassers. Sonst stimmt das Fragment der Verse 21—27 in Aufbau, Inhalt und Formulierung weitgehend mit dem *Motiv eines „Verweises auf eine Strafgrundbefragung"* überein, das in zumeist deuteronomistischen Stellen (z. B. 1 Kön 9,8—9; Jer 22,8—9) und mit gewissen Unterschieden auch in drei neuassyrischen Texten aus den Annalen Assurbanipals belegt ist.

Vers 28 dürfte das für die Weisheitsschule wichtige Verhältnis des Menschen zum Verborgenen bestimmen, das ganz in Gottes Hand ruht, aber auch sein Verhalten gegenüber dem Offenbaren, nämlich der im Deuteronomium vorliegenden Willensoffenbarung Jahwes. Sie kann Israel erkennen und ist daher für ihre Befolgung auch immer verantwortlich.

Vor dem düsteren Hintergrund der vorausgehenden Fluchankündigung hebt sich nun strahlend der in der dritten Einheit *30,1—10* verheißene, bedingte *Segen* ab. In ihm wird die tröstliche Zusage von 4,29—31 breit entfaltet. Der in feierlicher Sprache gestaltete Text wird vor allem vom Leitwort „Umkehr" — einem der Zentralmotive deuteronomistischer Theologie — geprägt (V. 1.2.3.8.9.10; vgl. 1 Kön 8,46—51). Offenbar versucht der exilische Verfasser seine angefochtenen Zeitgenossen mit diesem Blick auf Jahwes zukünftiges Heilshandeln aufzurichten, auf eine *„Wiederherstellung"*, deren Ausmaß alle früheren Segenserweise Gottes übertrifft. Der Fluch ist also nicht Jahwes endgültiges Wort, sondern zielt auf die Bekehrung des Herzens (V. 1.2.10). Das „Prinzip Hoffnung" gründet freilich letztlich nicht in menschlicher Besinnung und menschlichem Handeln, die hier bereits vorausgesetzt werden, sondern darin, daß Gott selbst die Herzen „beschneidet" (V. 6; siehe bei 10,16), das heißt eine radikale, innere Erneuerung bewirkt (vgl. Ez 36,24—27), und damit die Voraussetzung für Israels „Liebe", also seinen vollen Gehorsam schafft (vgl. Jer 31,31—34; 32,39—41).

Dazu kommt, daß nach den rhetorisch packenden *Versen 11—14* die Beobachtung der *göttlichen Willensoffenbarung*, wie sie im Lehrganzen des Deuteronomiums vorliegt, keineswegs die Kräfte Israels übersteigt. Es bedarf ja keiner übermenschlichen Suchaktion, um sie wie eine esoterische Weisheit zu erreichen. Als direkte Anrede in gottesdienstlicher Verlesung und Auslegung ist sie *innerlich nahe* (vgl. 6,6 bis 7), kann und soll erfüllt werden (vgl. Röm 10,6—8).

Die letzte Einheit, die *Verse 15—20*, konfrontiert Israel in juristisch präzisen Formulierungen mit Glück und Verderben (V. 15), näherhin mit Segen (V. 16) und Fluch (V. 17—18). Beide hängen vom Gehorsam gegenüber den Geboten des Deuteronomiums ab und gipfeln im Besitz bzw. Verlust des Verheißungslandes. Himmel und Erde, also das ganze Universum (siehe bei 4,26), sind Zeugen dieser im kultischen „heute" — das bei jedem der vier Hauptelemente des ganzen Textes eigens vermerkt wird — vorgelegten *Entscheidung über Leben und Tod* (V. 19a). Der Text des Moabeides schließt mit einem zweifachen „paränetischen (= ermahnenden) Schema" (V. 19b.20), das in seiner Doppelstruktur von Ermahnung und Verheißung vor allem um die Fülle des Lebens kreist, die Jahwe selbst für sein Volk ist.

25. Einsetzung Josuas durch Mose (31,1—8) und Gott (31,14—15.23);
Verlesung (31,9—13) und Hinterlegung der „Weisung“ (31,24—27);
Offenbarung (31,16—22) und Vortrag des Moseliedes (31,28—30; 32,44);
Mahnung zur Belehrung der künftigen Generation durch die „Weisung“ des Mose (32,45—47)

Das Kapitel 31 vereinigt *thematisch und entstehungsmäßig recht unterschiedliche Texte:* während die Verse 14—15.23 ein Fragment älterer Schichten der Mosebücher darstellen, stammen die übrigen Abschnitte wohl von deuteronomistischen Händen. Trotzdem hat der Redaktor das ihm vorgegebene Material planvoll zu einer auf den größeren Zusammenhang bezogenen Einheit geformt. Sie ist aus *sieben Mose- und Jahwereden* zusammengesetzt, wobei jeweils eine längere und eine kürzere Rede miteinander wechseln. Zwar finden sich wie in 1,6—46 auch Einleitungsformeln, Zwischennotizen und szenische Angaben; doch will Kapitel 31 im Gegensatz zu Kapitel 1 keine Erzählung sein. Ins Zentrum der ganzen Komposition ist eine Jahweerscheinung gestellt (V. 14—15). Sie bildet zugleich einen Wendepunkt von den positiv gehaltenen ersten drei Reden (V. 2—6; 7—8; 10—13) zu den negativ gefärbten letzten drei (V. 16—21; 23; 26—29). Rechnet man mit einer „Bundesinstitution“, in deren Rahmen auch die Führungsnachfolge geregelt, die Urkunde periodisch verlesen und im Heiligtum hinterlegt wird, dann läßt sich auch Kapitel 31 noch in die Zeremonie des Moabeides einordnen. Da die beiden Einleitungen des Moseliedes (V. 16—22; 28—30) unauflöslich mit der Struktur des ganzen Kapitels verflochten sind, fällt nach der Absicht seines Redaktors auch das Moselied (32,1—43) samt seinem abschließenden Rahmenteil (32,44—47) unter die Überschrift 28,69.

Die *Verse 2—6.7—8* und *14—15.23* sind Glieder eines juristisch exakt formulierten und genau abgestimmten Textsystems über die *Ablösung des Mose durch seinen Nachfolger Josua,* zu dem noch 1,37—38; 3,21—22.28; Jos 1,2—9 und 13,1—7 zählen. Nach seiner Darstellung gibt es zwei verschiedene Aufgaben Josuas, nämlich die Eroberung und die Verteilung des Landes. Ferner werden neben der Einsetzung auch göttliche Befehle zur Durchführung der Amtsfunktionen erteilt. Schließlich wird Josua in die gleichen Ämter zunächst von Mose, und zwar nach göttlichem Auftrag, und dann durch Jahwe selbst eingesetzt. Vermutlich sollte bei dieser komplizierten deuteronomistischen Beschreibung vom Übergang der Verantwortung in der Leitung Israels die ganze Problematik einer Führungskontinuität, ja eine profilierte theologische Auffassung vom Amt überhaupt vorgelegt werden: die persönlichen Schwierigkeiten des ausscheidenden Anführers, gegenüber dessen Bitte um Amtszeitverlängerung Jahwe unbeugsam hart bleibt; menschliche Amtseinsetzung, die aber letztlich Gott vollziehen muß; schließlich das Wissen darum, daß Gott nicht nur das Amt verleiht, sondern zur rechten Zeit durch konkrete Befehle vor jeweils persönliche Aufgaben stellt und die treibende Kraft in der Führung der Amtsträger bleibt.

Mose übertrifft mit seinen 120 Jahren bereits die ideale Lebenserwartung eines ägyptischen Weisen (nämlich 110 Jahre; vgl. Gen 50,26; Jos 24,29). Er kann seine militärische Leitungsfunktion nicht mehr erfüllen. Vor allem aber hat Gott ihm das Betreten des Verheißungslandes verwehrt *(V. 2)*. Nach Beendigung der Abschiedsrede des Deuteronomiums *(V. 1)* gibt er in einer Kriegsansprache (vgl. 20,2—4) der ganzen Volksversammlung bekannt, daß Josua zusammen mit Jahwe, dem eigentlichen Heerführer, ihr Feldherr sein soll. Er fordert Israel zum heiligen Krieg auf *(V. 3—6)*. Josua aber betraut er mit den beiden Funktionen des Eroberers und Verteilers des Landes *(V. 7—8)*. Dabei kommt ein auch sonst bezeugtes Redeschema für Amtseinsetzung zur Anwendung: Ermutigungsformel — Nennung der Aufgabe — Beistandsformel (vgl. z. B. 2 Sam 10,12; Hagg 2,4; zur priesterschriftlichen Darstellung der Einsetzung Josuas siehe Num 27,15—23).

Aber auch für die Fortsetzung seines Dienstes als Vermittler der Jahweoffenbarung muß Mose Sorge tragen *(V. 9—13)*. Er setzt *die levitischen Priester* (siehe bei 10,8—9) *zu Testamentvollstreckern* seines schriftlichen Nachlasses ein. Sie tragen also nicht nur die Lade, sondern verwalten auch deren Inhalt. Am Laubhüttenfest im Brachjahr (15,1), in der Festfreude über den Beginn neuen Lebens in Natur und Volksgemeinschaft, sollen sie stets das Deuteronomium vortragen. So kann sich ganz Israel wieder auf die religiösen Grundlagen seiner

Existenz besinnen, sie kennenlernen und dann den Gotteswillen auch erfüllen.

Jahwe bestellt Mose und Josua zum Offenbarungszelt (Ex 33,7—11), wo er verborgen in der umhüllenden Wolke zum Gespräch erscheint *(V. 14—15).* In dieser Erscheinung betraut er selbst *Josua mit dem Amt des Feldherrn (V. 23).* In sein zweites Amt, die Aufgabe eines Verteilers des Erbbesitzes, setzt ihn Gott formell erst Jos 1,2—9 ein. Dort erhält er auch den aktuellen Befehl, mit der Eroberung des Verheißungslandes zu beginnen (Jos 1,2), und nachdem dieser durchgeführt wurde, den weiteren Befehl, nun den Stämmen ihr Erbe zuzuteilen (Jos 13,7).

Die *Verse 16—22.28—30* verankern das ursprünglich selbständig überlieferte Moselied in der Szenerie des Moabeides. Neben diesen literarischen Gesichtspunkten wird der Zusammenhang aber auch durch das Motiv des Abfalls und der drohenden Strafen hergestellt, die das Lied ankündigt, ferner durch seine Funktion als „Zeuge“ und als Urkunde. Gewiß bilden die zahlreichen Zitate und Anspielungen dieser Verse, die sich nur auf die düsteren Anklagen des ersten Liedteiles (32,1—25) beschränken und die folgenden hoffnungsvollen Heilszusagen unberücksichtigt lassen, eine spätere, verkürzende Deutung aus der Situation der Buße. Trotzdem handelt es sich um einen authentischen Kommentar aus Jahwes Mund, der den für den Redaktor von Kapitel 31 maßgeblichen *Sinn des Moseliedes* darstellt. Wenn dieses Lied als „Zeuge“ der Fluchandrohung gegen Gottes Volk verstanden wird (V. 19.21.28; vgl. 32,46), so verweist diese Benennung auf die Zeugenanrufung vor Segen und Fluch im Vasallenvertragsformular (4,26; 30,19). Die Zuteilung dieses Titels „Zeuge“ ist sachgemäß, denn das Lied beginnt mit einer Anrufung von „Himmel und Erde“ und handelt dann von — bereits Geschichte gewordenem — Fluch und Segen. Die Aufzeichnung des Liedes macht dieses zum Dokument und läßt damit seinen Inhalt wirkmächtig werden. Gleiches gilt nach den *Versen 24—27* auch für die Niederschrift der *Tora,* der Weisung des Deuteronomiums, die in der Lade aufbewahrt wird: wie das Lied wird sie *zum prophetischen Zeugen gegen das rebellische Volk.* Diese bewußte Parallelisierung von Weisung und Lied des Mose findet sich — in umgekehrter Reihung der beiden Dokumente — im zweiten Teil des deuteronomistischen Rahmens, in den das Moselied eingespannt ist, nämlich in *32,44* (Lied) und *45—47* (Weisung). Er mahnt zur *Belehrung der künftigen Generation* durch die Weisung, denn Jahwes Wort besitzt schöpferische Kraft (vgl. Jes 55,11) und bedeutet somit für Israel Angebot des Lebens. Das Moselied aber will aus deuteronomistischer Sicht als leicht zu erlernende Zusammenfassung der in der Lade hinterlegten Weisung verstanden werden.

26. Das Lied des Mose (32,1—43)

Dieses *dichterisch anspruchsvolle „Vermächtnis"* besitzt durch eine gewisse Eigenwilligkeit seiner Wortwahl und die Aufnahme altertümlicher, ja fremdartiger Vorstellungen unvergleichliche Reize und Originalität. Da es Hymnisches, weisheitliche und lehrhafte Züge, prophetischen Stil und ermahnende Geschichtsmeditation in sich vereinigt, sind seine *literarische Einheit und Gattung diskutiert.* Neuestens hat man hinter den Versen 1—25 die *Form einer prophetischen Anklagerede beim „Bundesbruch"* vermutet, die später erweitert worden sein soll: Aufbieten der Zeugen (V. 1), Anklage in Frageform (V. 6), Aufzählung der vom Kläger dem Angeklagten erwiesenen Wohltaten (V. 7 bis 14), Feststellung eines Bundesbruches (V. 15—18), Strafgericht (V. 19—25). Die Struktur dieses „Bundesrechtstreites", zu der es Parallelen in altorientalischen Dokumenten des zweiten Jahrtausends vor Christus gibt, ist mit jener des Vasallenvertrags verwandt. Gewöhnlich freilich wird der Angeklagte vor den göttlichen Rechtswalter zitiert und aufgerufen, Rechenschaft für sein Verhalten gegenüber den übernommenen Verpflichtungen („Bund") abzulegen (vgl. Jes 1,2 bis 20; Jer 2,4—13; Mich 6,1—8; Ps 50). Sollte also der erste Teil des Moseliedes tatsächlich jenes Muster voraussetzen, wurde er jedenfalls tiefgreifend umgestaltet: der Prozeß wird als vergangenes Ereignis geschildert (V. 19—20) und ist Quelle einer Belehrung (V. 2); anstatt sich an den Angeklagten zu richten, erfolgt das Urteil in Form eines Selbstgespräches Gottes (V. 20—25); schließlich kehrt es sich plötzlich gegen jene, die in Vers 25 noch Instrumente der göttlichen Gerechtigkeit waren, und verheißt Israel Heil. Die Entstehung des Moseliedes wurde schon in verschiedenen Perioden zwischen dem zwölften und vierten Jahrhundert vor Christus angesetzt. Seine Nähe zu Wortschatz und Ideenwelt des Jeremia, Ezechiel, Deuterojesaja und der Deuteronomisten, aber auch die Technik freier und wirkungsvoller Kombination ursprünglich verschiedenartiger Sprach- und Formelemente dürften auf *exilische Abfassungszeit* deuten.

Das feierliche Vorspiel *(V. 1—2)* fordert nach Art des für weisheitliche Schriften charakteristischen *Lehreröffnungsrufes* (vgl. Ps 49,2.4; 78,1—2) das ganze Universum zur Zeugenschaft auf. Die folgende „Lehre" will das zuhörende Israel (V. 6) heilsam durchdringen (Ijob 29,22—23). Zugleich soll die Schöpfung Jahwe unter jenem Namen preisen *(V. 3)*, mit dem er wegen der Unwandelbarkeit seiner Gerechtigkeit und Treue tituliert wird: *„der Fels" (V. 4)*. Dieser im Jerusalemer Kult beheimatete Gottesname kehrt wie ein Leitmotiv in den Versen 15.18.30.31 wieder und unterscheidet Jahwe radikal von den heidnischen Göttern (V. 31.37; vgl. Jes 44,8; Ps 18,32). Im Hintergrund dieser Vorstellung steht das urreligiöse Erlebnis des Felsens als eines Ortes außergewöhnlicher Rettung, in der sich Gottes Macht offenbarte. Er läßt daher die auf ihm opfernde Gemeinschaft Gottes Nähe und Heil erfahren (vgl. V. 37—38). Schließlich garantiert er als unerschütterliches Fundament ewige Sicherheit gegenüber den Chaosmächten und gewährt Asyl gegenüber den Feinden. Die *Zusammenfassung der Anklage* — in *Vers 5* an die Zeugen, in *Vers 6* direkt an Israel gerichtet — kontrastiert Jahwes vollendetes Wirken (V. 4) mit der Untreue und dem Undank seiner Söhne, nämlich seines Volkes, dem er als Vater und Schöpfer Existenz verliehen hat (vgl. Jes. 1,2 bis 4; 43,1—7). Die beiden folgenden Abschnitte (V. 7—14 und 15—18) schildern breit diese widernatürliche Entwicklung (vgl. Ez 16; Jer 2).

Von *Jahwes Gnadenhandeln an Israel* — Erwählung *(V. 8—9)*, Umsorgen in der Wüste *(V. 10—12)* und im Verheißungsland *(V. 13—14)* — weiß man aus der Überlieferung (zu diesem deuteronomistischen Thema siehe 4,32; Ps 78,3—6). Jahwe wird hier mit dem vorisraelitischen Titel für den Schöpfergott (vgl. Gen 14,18—20; Num 24,16) als „der Höchste" benannt. Er teilte am Anfang der Geschichte die Völkerwelt entsprechend der Zahl der Götter, die nach kanaanäischer Vorstellung den himmlischen Hofstaat des Götterkönigs und Schöpfergottes El bildeten. Jedem der siebzig „Gottessöhne" wurde die Sorge für eine der siebzig Völkerschaften der Erde (Gen 10; vgl. die siebzig Jakobsöhne Dtn 10,22) übertragen (siehe 33,3; Ps 82; Dan 10,13;

1 Kön 22,19). Israel aber unterstellte Jahwe direkt seiner Herrschaft (vgl. 4,19; Sir 17,17). Diese Entscheidung wird offenkundig bei der — vielleicht eine aus ismaelitischer Stammesüberlieferung (Gen 16,7 bis 14) übernommene altertümliche Vorstellung — Erwählung Israels in der Wüste (damit ist nicht Ägypten gemeint; jeder Bezug auf den Exodus fehlt). Eindrucksvolle Vergleiche illustrieren die erste Begegnung Jahwes mit dem schrecklicher Wildnis preisgegebenen Jakob/ „Israel" (vgl. Hos 9,10; Jer 31,2), die Geborgenheit unter Jahwes Führung (vgl. Ex 19,4), Israels Einpflanzung in das für Halbnomaden paradiesische Bergland Kanaan und seine Ernährung mit dessen reichen Erträgen (vgl. Ez 16,3—14).

Umso empörender wirkt die *völlig unerwartete Reaktion des gehegten verwöhnten Gottesvolkes (V. 15—18)*, das hier bitter mit dem alten kultischen Ehrennamen Jeschurun (das heißt „El ist redlich"; Anklang an „Israel/Jischerel = El ist zuverlässig"; vgl. 33,5.26) bezeichnet wird. Es erliegt der Versuchung des Wohlstandes und verwirft Jahwe, dem allein es sein glückliches Leben schuldet (V. 15.18). So sinkt es ab zur Verehrung von Dämonen und Göttern, die kein Verhältnis zu seiner bisherigen Geschichte haben. Diese Darstellung, die Israels vielfältiges Versagen in der Übertretung des ersten Gebotes zusammenfaßt, entspricht deuteronomistischer Geschichtstheologie.

Das anschließende *Straf- und Gnadengericht (V. 19—42)* wird in Form einer Gottesrede beschrieben. Bisher hat nur der Dichter selbst gesprochen. Der Wechsel erklärt sich aus dem Einfluß prophetischer Gerichtsankündigung, bei der die Anklage vom Propheten, das Urteil aber als Zitat eines Jahwewortes vorgetragen wird. Die Gliederung des Textes wird durch das Stichwort „sagen" (V. 20.26.37) angedeutet.

Die *göttliche Bestrafung (V. 20—25)* vergilt in genauer Entsprechung zur Sünde und hebt beinahe alle früher gewährten Gnaden wieder auf. Hat Israel Gott „für dumm gehalten" (V. 15) und seine Eifersucht durch einen Nichtgott geweckt (V. 21; vgl. V. 16), so weckt nun Jahwe die Eifersucht Israels durch ein dummes, ein Nichtvolk (V. 21). Gottes gewaltiger Zorn verbrennt den Ertrag der Erde (vgl. Am 7,4); Hunger, Seuchen und wilde Tiere (V. 22—24) treten an die Stelle des von Gütern überfließenden Landes (V. 13—14). Die Schrecken der wütenden Kriegsfurie (V. 25; vgl. Klgl 1,20; 2,21; Ez

7,15) nehmen den Platz göttlichen Schutzes und liebevoller Sorge um Israels Wachstum (V. 10—12) ein. Nur den ersten Schritt, den Jahwe auf sein Volk hin getan hat, geht er nicht zurück — die Erwählung (V. 8—9).

Die Geschichtsdarstellung mündet nun in eine Überlegung Gottes *(V. 26—35)*. Er könnte zwar Israel völlig auslöschen (V. 27), unterläßt dies aber aus zwei Motiven (V. 27; 36). Müßte er doch das Prestige seines Namens an die Völker preisgeben, die sich nur in ihrer eigenen Überlegenheit bestätigt fühlen würden (V. 27; vgl. 9,28; Jes 48,9 bis 11; Ez 20,21—22; 36,22). Wie einst Israel besitzen sie ja kein Verständnis für die göttlichen Fügungen der Geschichte (V. 28—29). Sonst müßten sie erkennen — was Vers 30 aus ihrer Sicht formuliert —, daß die unerklärlichen Niederlagen Israels (vgl. Jes 30,17) allein darauf zurückzuführen sind, daß Jahwe sein Volk wie Sklaven verkauft (Ri 2,14; Jes 52,3) und ausgeliefert hat (V. 30; die Verse 28—30 beziehen sich also nicht auf Israel, sondern auf seine Gegner). Solche Selbsterwägungen Gottes finden sich im Alten Testament auch sonst bei Entscheidungen über Heil und Unheil (z. B. Gen 6,5—7; Hos 6,4; 11,8—9). Ihre Mitteilung beantwortet die Frage, warum Jahwe sein Volk trotz dessen schwerer Versündigung nicht verstoßen hat. Gerade in solchem Handeln wird — wie die in die Gottesrede eingeschobene Reflexion des Dichters verdeutlicht — Jahwes Unvergleichlichkeit offenkundig (V. 31). Die Verderbtheit der Heidenwelt (V. 32—33; Sodom und Gomorra gelten als Orte schlimmsten Sittenverfalls; zum Bild vom verderbten Weinstock vgl. Hos 10,1 und Jes 5,1—7) führt Gottes Gedankengang zu dem Ergebnis: kraft seines Rächer-, das heißt Richteramtes wird er in Kürze mit den in seinen Rüstkammern verborgenen Zorneswaffen gegen die Bedränger seines Volkes einschreiten (V. 34—35). Mit prophetischer Sicherheit verkündet der Dichter daher Israel diese Heilsbotschaft vom *Gnadengericht Jahwes.* Denn — und nun kommt das zweite Motiv seines Handelns zum Tragen — er erbarmt sich der Ohnmacht seiner Knechte (*V. 36;* vgl. Jer 30,10).

In feiner Ironie wendet sich Jahwe nun an das untreue, gedemütigte Israel: in seiner Hilflosigkeit erfährt es die Nutzlosigkeit seines Götzendienstes *(V. 37—38;* vgl. Jer 2,28). Vor dem Hintergrund dieses bereits innergeschichtlich durchschaubaren Versagens aller Götter

erreicht das Lied seinen theologischen Höhepunkt, führt zum triumphierenden Selbstzeugnis Jahwes von sich als dem einzigen Gott (vgl. Jes 43,10—13 und öfter; Dtn 4,35.39). Denn er ist — nach alter hymnisch-kultischer Redeweise (2 Sam 2,6) — *allein Herr über Leben und Tod (V. 39)*, das heißt über Krankheit, Gefangenschaft und jegliche Lebensbeeinträchtigung als Wirkbereich des Todes (Hos 6,1—2; an eine Erweckung vom leiblichen Tod ist noch nicht gedacht). Die Hand zu feierlichem Schwur bei seinem ewigen Leben erhoben (vgl. Ez 20), verkündet Jahwe in leidenschaftlichen Bildern den in seinen Erwägungen (V. 26—35) gefaßten Entschluß, wie ein wilder Krieger all seine Feinde zu töten *(V. 40—42)*.
In Entsprechung zur Einleitung (V. 1; 3) ruft der Dichter den Himmel (vgl. Jes 44,23) und die himmlischen Wesen (V. 8; vgl. Ps 29,1; 148,1) auf, Gott als rächenden Erlöser seines Volkes und Entsühner seines von Schuld und Blut befleckten Landes zu preisen *(V. 43)*.

Vierte Moserede (33,1—29)

27. Der Segen des Mose (33,1—29)

Dieser zum Teil vielleicht aus dem elften Jahrhundert stammende Text gibt der Übersetzung und Auslegung schwierige Probleme auf. Seine Vorstellungswelt (vgl. etwa die V. 2—3; 17; 26—27 mit ugaritischer Mythologie) und Sprache verbinden ihn mit der kanaanäischen Poesie. Die Stammessprüche *(V. 6—25)* dürften in ihrem Grundbestand mit Hilfe von Tiervergleichen und Wortspielen Eigenart und Schicksal der Stämme entfaltet, ja die in ihren Namen verborgen ausgedrückte Wesensmacht beschworen haben. Diese Selbstdarstellungen der israelitischen Stämme wurden später geschichtlich und geographisch aktualisiert. Der Redaktor, der die Spruchsammlung dann dem Deuteronomium einfügte, verlieh ihr sekundär den Charakter eines „Segens". Wie der sterbende Jakob (Gen 49,1—27) scheidet auch Mose mit einer Weissagung, deren Worte schöpferische Kraft besitzen und die Zukunft zu gestalten vermögen. Um die Stammessprüche wurde als Rahmen ein einziger, ursprünglich ebenfalls selbständiger Psalm *(V. 2—5.26—29)* gelegt. Er berichtet von einer Erscheinung Jahwes als Kriegsgott, der in Begleitung seines Gefolges himmlischer Wesen vom Sinai zieht (vgl. Ri 5,4; Ps 68,7), um sein Königtum in Israel anzutreten und seinem Volk Sieg und Wohlstand (vgl. V. 28 mit Gen 27,28) zu verleihen. Wahrscheinlich wurden die Verse 5 und 21b beim gesanglichen Vortrag refrainartig nach jedem einzelnen der Stammessprüche wiederholt. Der Levispruch enthält verschiedene Überlieferungen über Geschichte (vgl. ohne Erwähnung der Leviten Ex 17,1—7 und Num 20,2—13; ferner Ex 32,26—29) und Befugnisse dieses Stammes (Betätigung des Losorakels der Tummim und Urim — vgl. 1 Sam 14,37—42; Ermächtigung zur Weisung aus den Rechtstraditionen und zum Vollzug des Opferkultes). In diesen Spruch dürften die Verse 8b—10 erst bei der Verklammerung des Mosesegens mit dem Buch Deuteronomium eingefügt worden sein.

28. Der Tod des Mose (34,1–12)

Diese Erzählung setzt über die beiden großen Einschübe des Moseliedes und des Mosesegens hinweg 32,48—52 (vgl. Num 27,12 bis 14) fort. Abgesehen von Harmonisierungen des Vers 1 mit jenem Text wurden die *Verse 1—6* vom deuteronomistischen Geschichtsschreiber verfaßt. Die vielleicht später erweiterte Landbeschreibung der Verse 1b—3 folgt der Nord-Süd-Linie. Hinter dem Bericht von der Bergschau des Mose stehen alte Rechtsvorstellungen über die Inbesitznahme des Landes (siehe bei 3,27). Der Bericht vom Tod des großen Einsamen ist zwar nüchtern, aber äußerst stimmungsvoll gestaltet. Mose stirbt nach 1,37 und 4,21 in stellvertretender Sühne für die Sünde des Volkes. Die *Verse 7—9* stammen aus dem priesterschriftlichen Geschichtswerk. Wie nach dessen Darstellung Aaron auf dem Gipfel eines Berges stirbt und dreißig Tage lang beweint wird (Num 20,28—29), so wird es auch von Mose erzählt. Trotz seines Alters noch voll Lebenskraft stirbt er am Tag des Moabeides (32,48). Nach dem in 1,3 vorliegenden Kalender vergehen siebzig Tage zwischen der Überschreitung des Jordan und dem Tod des Mose (Jos 4,19) bzw. vierzig Tage zwischen der Jordanüberquerung und der Betrauerung des Mose. Der Hinweis auf das Charisma des Josua bezieht sich auf Num 27,15—23.

Die *Verse 10—12* beschließen die fünf Bücher Mose und leiten über zu den sogenannten „frühen Propheten“, den Büchern Josua bis 2 Könige. Sie charakterisieren die Einzigartigkeit des Mose als „Propheten“ durch die Intimität seines Umganges mit Gott (vgl. Num 12,6—8) und seine Rolle als Jahwes wunderwirkendes Instrument bei der Herausführung aus Ägypten (4,34). Er wird nur noch übertroffen von „jenem Propheten, der in die Welt kommen sollte“ (Joh 6,14), der aber nicht Knecht, sondern Sohn Gottes war.